"新时代新思想标识性概念"丛书编委会

主　任

辛向阳

副主任

李正华　　陈志刚

编　委

王巧荣　　刘志明　李　文　余　斌　宋月红　林建华

欧阳雪梅　郑有贵　贺新元　龚　云　潘金娥

— 新时代新思想标识性概念丛书 —

中国社会科学院马克思主义理论创新智库

中国式现代化

贺新元　陈妮◎著

人民日报出版社

北京

图书在版编目（CIP）数据

中国式现代化 / 贺新元 , 陈妮著 . -- 北京 : 人民
日报出版社 , 2024.2
ISBN 978-7-5115-7794-8

Ⅰ . ①中… Ⅱ . ①贺… ②陈… Ⅲ . ①现代化建设—
研究—中国 Ⅳ . ① D61

中国国家版本馆 CIP 数据核字（2024）第 019167 号

书　　名：中国式现代化
　　　　　ZHONG GUO SHI XIAN DAI HUA
作　　者：贺新元　陈　妮

出 版 人：刘华新
策 划 人：欧阳辉
责任编辑：周海燕　孙　祺
装帧设计：元泰书装

出版发行：人民日报出版社
社　　址：北京金台西路 2 号
邮政编码：100733
发行热线：（010）65369509　65369512　65363531　65363528
邮购热线：（010）65369530　65363527
编辑热线：（010）65369518
网　　址：www.peopledailypress.com
经　　销：新华书店
印　　刷：大厂回族自治县彩虹印刷有限公司
法律顾问：北京科宇律师事务所　（010）83622312

开　　本：710mm×1000mm　1/16
字　　数：180 千字
印　　张：14.75
版　　次：2024 年 2 月第 1 版
印　　次：2024 年 2 月第 1 次印刷

书　　号：ISBN 978-7-5115-7794-8
定　　价：58.00 元

前　言

　　习近平总书记在哲学社会科学工作座谈会上的重要讲话中，对我国哲学社会科学发展状况进行分析时明确指出："我国是哲学社会科学大国，研究队伍、论文数量、政府投入等在世界上都是排在前面的，但目前在学术命题、学术思想、学术观点、学术标准、学术话语上的能力和水平同我国综合国力和国际地位还不太相称。"同时强调，要着力构建中国特色哲学社会科学。构建中国特色哲学社会科学，基础在建构学科体系、学术体系、话语体系，关键在构建话语体系，核心在提炼标识性概念和范畴。只有从中国革命、建设、改革的伟大实践中提炼出标识性概念和范畴，才能形成自己的话语和话语体系；只有构建了一套系统科学的话语体系，才能建构好相应的学科体系与学术体系；只有建构好了学科体系、学术体系、话语体系，才能构建好体现中国特色、中国风格、中国气派的中国特色哲学社会科学。

　　概念与学科建构、理论发展之间密切相关，犹如细胞与生命一样的关系。标识性概念的缺乏或不成体系，科学理论难以形成，学科体系也无从建设。标识性概念既是中国特色哲学社会科学发展的基础，更是我们党的理论成熟的标志。概念在实践中的指向越具体，它所支撑起来的理论大厦就越具有彻底性，理论就越有解释力。马克思主义认识论认为，一个成熟概念的提出是理论创新从抽象到具体的必经阶段。也就是说，理论创新首先要提炼概念或概念创新。只有当不断提炼的概念得到认识与认可，它才有生命力，进而才能使理论明晰而实现逻辑化、系统化和科学化。

虽说我们在解读中国实践、构建中国理论上最有发言权，但因我们能得到国内外认同的标识性概念和范畴还有所缺失且不成体系，致使我国哲学社会科学在国际上的声音还比较小，还处于有理说不出、说了传不开的境地。要善于提炼标识性概念，打造易于为国际社会所理解和接受的新概念、新范畴、新表述，这是构建我们的话语体系乃至学科体系和学术体系的当务之急。

我们党在革命、建设、改革取得辉煌成就的伟大实践中，依循着人类社会发展规律，顺应着时代特征，充分发挥创新能力，在理论上相继创立了毛泽东思想、邓小平理论，形成了"三个代表"重要思想、科学发展观，同时提炼出许多支撑这些理论的标识性概念。进入新时代，习近平同志对关系新时代党和国家事业发展的一系列重大理论和实践问题进行了深邃思考和科学判断，就新时代坚持和发展什么样的中国特色社会主义、怎样坚持和发展中国特色社会主义，建设什么样的社会主义现代化强国、怎样建设社会主义现代化强国，建设什么样的长期执政的马克思主义政党、怎样建设长期执政的马克思主义政党等重大时代课题，提出一系列原创性的治国理政新理念新思想新战略，是习近平新时代中国特色社会主义思想的主要创立者。党的十八大以来提出了许多新的符合时代特征的标识性概念，这些概念因其科学性不仅成为习近平新时代中国特色社会主义思想这一理论大厦的坚实的奠基石，而且越来越得到国内乃至国际社会的普遍认同。比如，2016 年 5 月，习近平总书记在哲学社会科学工作座谈会上的重要讲话中指出：推进国家治理体系和治理能力现代化，发展社会主义市场经济，发展社会主义民主政治，发展社会主义协商民主，建设中国特色社会主义法治体系，发展社会主义先进文化，培育和践行社会主义核心价值观，建设社会主义和谐社会，建设生态文明，构建开放型经济新体制，实施总体国家安全观，建设人类命运共同体，推进"一带一路"建设，坚持正确义利观，加强党的执政能力建设，坚持走中国特色强军之路、实现党在新形势下的强军目标，等等，都是我们提出的具有原创性、时代性的概念和理论。

党的二十大报告指出，十八大以来，我们党勇于进行理论探索和创新，以全新的视野深化对共产党执政规律、社会主义建设规律、人类社会发展规律的认识，取得重大理论创新成果。中国社会科学院马克思主义理论创新智库，从党的十八大以来党的创新理论中提取部分重要的核心的标识性概念进行理论和学术上的解读，形成"新时代新思想标识性概念"研究系列丛书。在选择概念和进行解读时，遵循了以下几个基本要求：一是既要体现学术性，也要体现政治性，要做到政治性与学术性有机结合。二是既要体现理论价值，也要体现实践价值。这些概念是从实践中抽象提炼升华出来的，具有重大实践价值和理论价值；同时，这些概念又对推进实践具有指导性价值。三是既要体现"中国特色"，也要吸收外来有益的经验与理论。四是既要立足中国，也要放眼世界。五是既要坚持马克思主义，也要体现中国优秀传统文化，做到二者有机结合。

本智库与人民日报出版社合作出版"新时代新思想标识性概念丛书"，希望本套丛书有助于广大党员干部学习和领会习近平新时代中国特色社会主义思想。

中国社会科学院马克思主义理论创新智库　编委会

目　录

绪　论

现代化是人类孜孜以求的价值目标，是人类社会发展不可阻挡的趋势。所有民族和国家，无论其历史文化传统、社会发展水平、社会制度如何不同，都不可避免地要走上现代化道路，只是时间上的早晚和形式上的不同而已。就此而言，现代化是一个具有价值指向性且体现普适性的话语，是一种具有实践性且体现特殊性的运动。人类社会的现代化始于资本主义，但不"终结"于资本主义，先行的资本主义现代化运动只是人类社会现代化的一个具有历史进步作用的过渡，它终究要过渡到社会主义现代化。从现代化发展逻辑看，在我国具体国情的基础上和时代发展的条件下，我们党领导人民深刻认识和把握现代化发展的一般规律和社会主义现代化发展的普遍规律，积极探索和把握我国社会主义现代化的特殊规律，成功走出一条合目的性与合规律性相统一的中国式现代化道路。

一、中国式现代化合现代化发展的一般规律

作为人类现代化的过渡形态，西方现代化完全是在强大的资本逻辑下运行。在资本逻辑的贪婪性下，西方现代化在社会关系上造成人与人的全面异化、两大阶级的全面对抗；在人的精神道德上形成拜金主义、纵欲主义、极端个人主义、反理性主义、恐怖主义等全球性精神危机；在人与自然关系上，因无节制地开发利用自然资

源，致使人类社会可持续生存与发展的自然生态环境遭到严重破坏；在国际关系上，因西方资本的全球霸权导致全球性分裂，东方从属于西方，南方服务于北方；等等。

人类社会现代化是具体的、历史的。始于西方的资本主义现代化，是人类现代化的"处女作"，发挥着重大的历史进步作用。从历史发展来看，西方现代化这场剧烈而持久的社会变革，在因资本对利润无止境追逐的内生动力带来的整个世界生产力和生产方式革命的历史进程中，把人类社会由封闭半封闭的民族历史推进到世界历史，把传统的农业社会推向现代的工业社会，并为更高级的社会主义现代化形态奠定了良好基础。无疑，在世界现代化运动中发展现代化，后发性国家的现代化只能与先发性的西方现代化同台竞争和发展。

"人们自己创造自己的历史，但是他们并不是随心所欲地创造，并不是在他们自己选定的条件下创造，而是在直接碰到的、既定的、从过去承继下来的条件下创造。"① 这句话告诉我们，中国的现代化不能无视西方现代化，要学习和利用西方现代化。"一球两制"下，西方现代化是中国现代化发展的一个必不可少的外部性条件。在资本主义与社会主义两种异质性生产关系并存与交往的世界格局中，中国共产党在探索现代化进程中，理性地透视西方现代化实践，剥

---

① 《马克思恩格斯选集》第一卷，人民出版社2012年版，第669页。

离其主观为资本的不利因素，挖掘其客观上形成的一般性经验和规律，如工业化是任何现代化都不可逾越的发展阶段、制造业是实现工业化的基础和保障、科技进步是现代化发展的根本动力、市场经济是现代化的有效手段、思想创新和教育发展是现代化的重要条件等，并充分利用借鉴西方在这些方面所创造的一切先进文明成果，成功走出了一条中国式现代化道路，用几十年时间走完西方发达国家几百年走过的工业化历程，同时成功规避了西方现代化造成的"异化弊端"。

二、中国式现代化合社会主义现代化发展的普遍规律

中国凭借什么能够剥离掉西方现代化中带有西方属性的元素而汲取其一般性经验与规律？答案在马克思主义这一望远镜和显微镜，在社会主义这一先进制度。马克思主义使我们能够在西方现代化发展中挖掘和总结其一般性规律，找到其发展的未来向度。社会主义制度使我们能够强力吸收和创造性转化西方现代化发展中的有益经验，熔铸到自己独特的现代化发展之中。

社会主义现代化高级于西方资本主义现代化，世界各种现代化运动都会归于社会主义现代化一宗，这是人类社会发展的必然趋势。但是，社会主义现代化也不是"定于一尊"，在遵循普遍性规律下有其特殊性体现，即各个社会主义国家可以在坚持社会主义现代化发

展普遍规律下，依据自己的国情来选择适合自己的现代化道路。中国式现代化就是社会主义现代化，而不是别的主义的现代化。"社会主义"和"中国式"是现代化前面两个非常重要的限定词。"社会主义"是指中国现代化一直就没有背离社会主义现代化发展的方向和原则，遵循着社会主义现代化发展的普遍规律。"中国式"是指中国现代化具有既不同于西方现代化，又不同于其他社会主义国家现代化道路的特点，体现出中国特色。

中国式现代化始终坚持马克思主义立场观点方法和科学社会主义基本原则，在经济、政治、文化、社会和生态文明等各个方面都打下了深刻的"中国烙印"。比如，在坚持马克思主义关于社会主义现代化发展的社会有机体理论指导下，我们逐步形成中国特色社会主义现代化事业的"五位一体"总体布局。在坚持马克思主义关于人的全面发展理论指导下，通过改革开放，不断解放和发展生产力，持续地"去落后化"解决落后的社会生产，满足人民日益增长的物质文化需要；通过全面深化改革，统筹推进"五位一体"总体布局，协调推进"四个全面"战略布局，坚持以人民为中心，落实新发展理念，持续地加强经济社会各方面的"统筹性""协同性"，解决不平衡不充分的发展问题，满足人民日益增长的美好生活需要，扎实推动全体人民共同富裕，大力推进每个人的自由发展和一切人的自由发展。在坚持马克思主义关于处理人与自然关系的理论指导下，提出统筹人与自然和谐发展、可持续发展、绿色发展等理念，走出一条生产发展、生活富裕、生态良好的发展路子，形成资源节约型、环境友好型的"两型社会"，正在不断地接近"人和自然界之间、人和人之间的矛盾的真正解决"的伟大目标。

三、中国式现代化合中国特色现代化的特殊规律

现代化运动不完全是个自然历史进程，还是一个充分体现主观能动性的社会历史进程。正如在资本逻辑下走出一条西方特点的资本主义现代化道路一样，中国共产党团结带领全党全国各族人民，在以人为本的逻辑下走出了一条合现代化发展一般规律、社会主义现代化发展普遍规律的中国特色社会主义现代化道路。

独特的历史命运、文化传统和基本国情，决定了我们只能走适合自己特点的现代化道路，进而造就了中国式现代化道路的特殊性。邓小平曾指出："我们的现代化建设，必须从中国的实际出发。"[①]习近平总书记强调："现代化道路并没有固定模式，适合自己的才是最好的，不能削足适履。"[②]

实现现代化，是近代以来中华民族梦寐以求并为之奋斗的目标。中国共产党成立前，为寻求现代化之路进行了80年试错式探索，因没有找到适合自己的规律而——遭遇失败；中国共产党成立后，在

---

①《邓小平文选》第三卷，人民出版社1993年版，第2页。
②《习近平谈治国理政》第四卷，外文出版社2022年版，第427页。

社会内部各种条件的限制和外部国际环境的压力下，遵循社会主义现代化发展规律，经新民主主义革命、社会主义革命和建设、改革开放和社会主义现代化建设、中国特色社会主义新时代发展，不仅为实现现代化创造了根本社会条件，奠定了根本政治前提和制度基础，提供了充满新的活力的体制保证和快速发展的物质条件，提供了更为完善的制度保证、更为坚实的物质基础、更为主动的精神力量，而且每一历史时期的现代化探索与发展都积淀出具有中国特色的、比较独特的现代化发展规律，如经济文化落后国家的现代化规律、社会主义初级阶段的现代化规律、人口规模巨大的现代化规律、全体人民共同富裕的现代化规律、物质文明和精神文明相协调的现代化规律、人与自然和谐共生的现代化规律、走和平发展道路的现代化规律，等等。

四、中国式现代化是合目的性与合规律性的统一

在近代以降对现代化艰辛探索基础上，中国共产党团结带领全国人民，以共产主义和中华民族伟大复兴为初心使命，继续探索中国现代化，在历经前后四个历史时期及取得四大历史性成就中，开创出了一条不同于以往现代化理论范式与实践模式的新型现代化——中国式现代化。它不是自然内发的，而是不断深度融入世界历史中的；不是西方发达国家"串联式"单线性的，而是"并联式"

叠加性的；不是简单套用马克思主义经典作家设想的模板，不是其他国家社会主义实践的再版，也不是西方现代化发展的翻版，而是以马克思主义为真理力量，以人类社会现代化建设规律为遵循，立足中华民族 5000 多年悠久文明的传承、近代以来 180 多年中华民族发展历程的深刻总结、中华人民共和国成立 70 多年来的持续探索、改革开放 40 多年的伟大实践，不断解放和发展社会生产力，以实现社会的全面进步和人的全面发展为根本价值旨归。

总而言之，中国式现代化之所以能成功，一是把实现中华民族伟大复兴和共产主义统一到中国特色社会主义现代化运动中，是合目的性的；二是既吸收世界现代化的一般规律和积极成果，又遵循人类社会发展一般规律和社会主义现代化发展的普遍规律，是合规律性的，做到了合目的性与合规律性相统一。正因如此，中国式现代化为广大发展中国家摆脱对西方现代化道路和模式的依赖提供了参考、拓展了路径，为那些既希望加快发展又希望保持自身独立性的国家和民族提供了全新选择。

第一章
中国式现代化的学理分析

中国式现代化，深深植根于中华优秀传统文化，体现科学社会主义的先进本质，借鉴吸收一切人类优秀文明成果，代表人类文明进步的发展方向，展现不同于西方现代化模式的新图景，是一种全新的人类文明形态。

第一节　中国式现代化的内涵释义

一、现代化

现代化，作为标识人类文明发展趋向的重要术语，寄托着人们对幸福生活的殷切向往，汇集着世界各国对发展进步的美好追求，它描绘了一定历史时期人类社会发展的潮流趋向，展现了工业革命以来人类社会在交往行为、生产方式、制度模式、思维方式等方面所发生的广泛而深刻的变化。"现代化"是"中国式现代化"这一合成概念的基本构成单元和核心组成部分，直接规定着研究主题和基本论域，对"现代化"概念的认知和把握将直接影响对中国式现代化的理解和领悟。实际上，"现代化概念应当具有综合性、动态性、多元性、可量化性、以人的现代化为本质等基本特点"[1]，这些特点充分体现在关于人类现代化理论与实践的研究上，体现在我们党关

---

[1] 韩喜平、徐华良：《现代化和现代化理论的新突破》，《上海商学院学报》2022 年第 4 期。

于"现代化"概念的认知与运用上。唯有依据"现代化"概念的基本特征来对其进行解读和诠释，才能较为清晰全面地呈现出"现代化"概念的广博内涵和全部要义。

现代化是涉及多领域、多方面的综合性概念。把中国建设成社会主义现代化国家一直是中国共产党的不懈追求，而对于现代化的理解，我们党从来都不是从单一维度来把握的。在新民主主义革命时期，毛泽东在《新民主主义论》中从政治、经济、文化等维度设计了新中国的发展蓝图，在《论联合政府》中提出要将新中国建设成为一个独立、自由、民主、统一和富强的国家。新中国成立后，从社会主义工业化、"四个现代化"、中国式现代化的小康之家，到富强民主文明的社会主义现代化国家、富强民主文明和谐的社会主义现代化国家，再到富强民主文明和谐美丽的社会主义现代化强国，我们党关于中国的社会主义现代化建设蓝图一直都是从多维度来设计和构思的。邓小平强调："现代化建设的任务是多方面的，各个方面需要综合平衡，不能单打一。"[1] 党的十八大以来，以习近平同志为核心的党中央团结带领全国人民为全面建成小康社会、继续推进中国的现代化进程而努力奋斗，强调"要在坚持以经济建设为中心的同时，全面推进经济建设、政治建设、文化建设、社会建设、生态文明建设，促进现代化建设各个环节、各个方面协调发展，不

---

[1]《邓小平文选》第二卷，人民出版社1994年版，第250页。

能长的很长,短的很短"①。"五位一体"总体布局与"四个全面"战略布局相互映衬,共同展现新时代推进中国式现代化朝气蓬勃的生动景象。

学术界对现代化的研究也是从多个方面、多个领域展开的。在不同的学科领域、不同的民族话语、不同的知识背景下,人们对现代化的研究呈现出不同的研究侧重和关注范围,对现代化基本内涵的理解与界定也存在诸多差异。其中,美国当代政治学家塞缪尔·亨廷顿在《变化社会中的政治秩序》一书中,从政治视角将现代化描述为"一个多层面的进程,它涉及人类思想和行为所有领域里的变革"②。C.E. 布莱克在《现代化的动力》一书中指出:"现代化指由于知识的爆炸性增长导致源远流长的改革过程所呈现的动态形式。""它反映着人控制环境的知识亘古未有的增长,伴随着科学革命的发生,从历史上发展而来的各种体制适应迅速变化的各种功能的过程。"③ 在中国学术界,罗荣渠关于"现代化"一词的界定得到许多学者的认可,他在《现代化新论》中将现代化定义为:"广义而言,现代化作为一个世界性的历史过程,是指人类社会从工业革命以来所经历的一场急剧变革,这一变革以工业化为推动力,导致传统的农业社会向现代工业社会的全球性的大转变过程,它使工业

---

①《习近平谈治国理政》第二卷,外文出版社 2017 年版,第 79 页。

②〔美〕塞缪尔·亨廷顿:《变化社会中的政治秩序》,王冠华、刘为等译,上海人民出版社 2008 年版,第 25 页。

③〔美〕C.E. 布莱克:《现代化的动力》,段小光译,四川人民出版社 1988 年版,第 11 页。

主义渗透到经济、政治、文化、思想各个领域，引起深刻的相应变化；狭义而言，现代化又不是一个自然的社会演变过程，它是落后国家采取高效率的途径（其中包括可利用的传统因素），通过有计划的经济技术改造和学习世界先进，带动广泛的社会改革，以迅速赶上先进工业国和适应现代社会环境的发展过程。"①综合来看，自 20 世纪 50 年代以来，关于人类现代化理论与实践，学者们从经济、政治、文化、社会等不同领域进行了孜孜探索，并取得了丰硕成果，这为我们从综合维度理解和把握现代化概念提供了理论参考。

现代化是动态发展着的概念，在中国其所指向的是中华民族伟大复兴。如前所述，在新民主主义革命时期、社会主义革命和建设时期、改革开放和社会主义现代化建设时期、中国特色社会主义新时代，我们党关于现代化的认识以及开展的现代化建设不断发展，从社会主义工业化到富强民主文明和谐美丽的社会主义现代化强国，随着实践探索的不断丰富以及世情国情党情的不断变化，我们党关于现代化建设目标的认识也不断深化。回顾我们党 100 多年的发展历程，曾出现过"近代化""工业化""现代化"等概念，有学者认为"从中国共产党人使用'现代化'的语词史看，'现代化''近代化''工业化'大致指向一致"②。也有学者专门研究中国工业化的发

---

① 罗荣渠：《现代化新论——中国的现代化之路》，华东师范大学出版社 2012 年版，第 12–13 页。
② 杨凤城、肖政军：《中国共产党现代化观的百年演进》，《广西大学学报》（哲学社会科学版）2022 年第 2 期。

展历程，认为工业化是中国式现代化的关键维度，是理解中国式现代化的重要方面。[①] 无论是"工业化""近代化"，还是"现代化"，都是中国共产党人在不同的具体的历史环境下针对中国的实际问题而提出的奋斗目标，在本质上都指向中华民族伟大复兴这一宏伟目标。

现代化是人类社会发展进步的必然结果，但具有多种类型模式和多重实现路径。一般认为人类的现代化进程开启于 18 世纪英国的工业革命，西欧和北美率先发起现代化运动，随后引发全球经济、政治、文化等领域发生剧变。在一定意义上，人类现代化的发展历程也是人类社会由低级向高级发展演化的历程。马克思主义认为，尽管历史发展总是沿着曲折道路前行，有时甚至会出现跳跃式的前进，但总体来看，由低级向高级发展演化是人类社会发展的总体趋势和基本特征。人类自走出野蛮时代进入文明时代以来，已经经历了原始文明、封建文明、资本主义文明等文明形态。在《〈政治经济学批判〉序言》中，马克思科学地总结道："大体说来，亚细亚的、古希腊罗马的、封建的和现代资产阶级的生产方式可以看作是经济的社会形态演进的几个时代。"就一定意义来说，人类社会现代化进程的开启及其发展演化是以人类社会由资本主义向社会主义过渡的历史时代为宏观背景的，包括当下我们也仍然处在这个宏大的历史

---

① 何二龙、孙蚌珠：《土地、城乡关系及中国式工业化》，《上海经济研究》2022 年第 8 期。

时代。在这一历史时代早期，正如《共产党宣言》中所描述的那样："资产阶级在历史上曾经起过非常革命的作用"①，商业、航海业和工业空前高涨，已濒临崩溃的封建社会内部革命性因素也因此得到迅猛发展。封建社会各构成要素的解体与扬弃，世界市场的开辟和形成，社会生产力与科学技术的巨大发展和突飞猛进，资本主义制度的发展成熟和广泛建立，人们的生活方式、交往方式、思维方式的历史性变革等，这一切或直接或间接地推进了人类的现代化进程。资本主义正是凭借着自己对生产力的发展和人类社会的进步曾起到过极大的革命性作用，并率先实现了由传统型社会向工业化、城市化转型，同时又希望在世界范围内尽可能多地攫取剩余价值和利润，因此竭力美化并在全球兜售自己的现代化模式。在一定意义上，人类社会早期的现代化是资本主义性质的现代化，资本主义在人类社会现代化历程中具有必然性和暂时性。

然而，资本主义现代化自始至终都渗透着扩张性、掠夺性和侵占性，是不平衡不协调不可持续的现代化，被扬弃与被超越是其无法摆脱的历史宿命。"资产阶级，由于一切生产工具的迅速改进，由于交通的极其便利，把一切民族甚至最野蛮的民族都卷到文明中来了。"②"它迫使它们在自己那里推行所谓的文明，即变成资产者。

---

① 《马克思恩格斯文集》第二卷，人民出版社 2009 年版，第 33 页。
② 《马克思恩格斯文集》第二卷，人民出版社 2009 年版，第 35 页。

一句话，它按照自己的面貌为自己创造出一个世界。"①世界上越来越多的国家被迫走上了资本主义现代化道路。可是，西方的现代化道路和发展模式是以牺牲和剥削大多数人的利益来满足少数人的自由发展为代价的。与西方现代化在世界范围内的传播复制相伴随的是，资本主义的内在痼疾在全世界范围的扩散和蔓延，"资本主义走到哪里，它的幻觉机器、它的拜物教和它的镜子系统就不会在后面太远"②。尽管西方现代化有着很高的借鉴价值，但是"西方现代化道路有着固有的矛盾弊端、制度局限、历史局限"③。那些后发走上资本主义现代化的国家在经济、政治、文化等方面获得了一定的发展，可是这种发展存在上限和风险，需要付出代价，许多国家人民生活状况依旧糟糕，国内局势动荡、各民族纷争不断等，并没有如愿实现繁荣富强。同时，西方发达国家自身也面临社会撕裂、贫富悬殊等问题，人类现代化发展亟须一条新的道路。

二、中国式现代化

所谓中国式现代化，简单地说，就是中国共产党领导的具有中国特色的社会主义现代化。习近平总书记在省部级主要领导干部

---

① 《马克思恩格斯文集》第二卷，人民出版社 2009 年版，第 35—36 页。
② ［美］哈维：《后现代化的状况》，阎嘉译，商务印书馆 2004 年版，第 427 页。
③ 姜辉：《21 世纪中国特色社会主义的世界意义》，《世界社会主义研究》2017 年第 4 期。

"学习习近平总书记重要讲话精神迎接党的二十大"专题研讨班上强调，我们推进的现代化，是中国共产党领导的社会主义现代化，必须坚持以中国式现代化推进中华民族伟大复兴，既不走封闭僵化的老路，也不走改旗易帜的邪路，坚持把国家和民族发展放在自己力量的基点上、把中国发展进步的命运牢牢掌握在自己手中。中国共产党是中国式现代化道路得以开辟和形成的核心力量。这条道路不仅遵循了人类现代化发展的普遍性规律，还因尊重中国具体实际而具有自己的特殊性，既不同于苏联的现代化发展道路，又与西方现代化道路存在本质差异，是一条新形态的人类现代化道路。这条道路以实现国家富强、民族振兴、人民幸福、世界大同为目标追求，是符合中国实际、适合中国国情的发展道路。

回顾党的 100 多年发展历程，在不同的历史时期，我们党团结带领中国人民根据不同的社会生产力发展水平和社会基本矛盾，依据具体的时代任务和积累的历史经验等，在经济、政治、社会、文化、生态方面实施一系列方案、策略和举措。中国式现代化道路贯穿着中华民族从站起来、富起来到强起来的历史逻辑，体现着我们党继承发展马克思主义并与时俱进和守正创新的理论逻辑，展现着我们党团结带领中国人民接续奋斗、创新创造的实践逻辑。这条道路具有高度的现实性和可行性，为世界上那些既希望发展又想保持自身独立性的国家提供了全新选择。

中国式现代化以实现中华民族伟大复兴为目标旨归。1840 年鸦片战争后中华民族沦为西方国家侵略与剥削的对象，中华民族遭遇前所未有的文明危机、发展危机、生存危机。正是从这时起，实现中华民族伟大复兴成为中华民族最伟大的目标。中国共产党成立之前，无数仁人志士对实现民族复兴的道路进行了艰难探索，可是最终都因失败而退出历史舞台。"十月革命一声炮响，给我们送来了马克思列宁主义。十月革命帮助了全世界的也帮助了中国的先进分子，用无产阶级的宇宙观作为观察国家命运的工具，重新考虑自己的问题。走俄国人的路——这就是结论。"[1] 十月革命给正在黑暗中摸索着的中国人指明了方向。中国共产党一经成立，就义无反顾地将实现中华民族伟大复兴的历史使命担在肩上。在一定意义上，中国共产党奋力实现中华民族伟大复兴的过程就是中国式现代化道路探索与发展的过程。

100 多年来，我们党以实现国家富强、民族复兴、人民幸福、世界大同为目标追求，不断清除前进道路上各种阻碍和困难，逐步为实现民族复兴铺垫基础和条件。中国式现代化道路正是在这一过程中逐步发展和开创的。中国式现代化道路不仅是实现全面建设社会主义现代化强国之路，也是实现中华民族伟大复兴的正确道路。

关于中国式现代化道路相关概念辨析。关于发展道路，在我们党的话语体系和话语表达上曾提出过"新民主主义革命道路""社

---

[1]《毛泽东选集》第四卷，人民出版社 1991 年版，第 1471 页。

会主义革命道路""社会主义建设道路""中国道路""中国特色社会主义道路"等概念。具体来说，第一，"新民主主义革命道路""社会主义革命道路""社会主义建设道路"指特定历史时期我们党为实现具体的历史任务而实施的方案、策略和举措等，这些道路构成了中国式现代化道路的有机组成部分。第二，"中国式现代化道路"与"中国的现代化道路"既有联系又有区别。"中国式现代化道路"特指中国共产党团结带领中国人民探索和开创出来的社会主义现代化道路；"中国的现代化道路"有时还可以被用来概括中国共产党成立之前所探寻的现代化道路。有一种观点将"中国式现代化道路"特指为改革开放以来我们党成功开创出来的现代化之路，没有将改革开放前我们党团结带领中国人民探索的民族复兴之路纳入中国式现代化道路之中。这种观点忽视了中国式现代化道路发展演化的持续性和长期性。恩格斯指出："我们自己创造着我们的历史，但是第一，我们是在十分确定的前提和条件下创造的。其中经济的前提和条件归根到底是决定性的。但是政治等等的前提和条件，甚至那些萦回于人们头脑中的传统，也起着一定的作用，虽然不是决定性的作用。"[①] 习近平总书记强调："如果没有一九四九年建立新中国并进行社会主义革命和建设，积累了重要的思想、物质、制度条件，积累了正反两方面经验，改革开放也很难顺利推

---

① 《马克思恩格斯选集》第四卷，人民出版社 2012 年版，第 604—605 页。

进。"① 中国式现代化道路的成功开创离不开改革开放前的积累。

研究中国式现代化必须坚持历史起点与逻辑起点的辩证统一。关于中国式现代化历史起点，学术界存在不同观点，有的以改革开放为历史起点展开研究，有的以新中国成立为起点展开研究，有的以中国共产党成立为起点，还有的以 1840 年鸦片战争为起点来展开研究。1840 年鸦片战争使中国被迫卷入现代化浪潮，西方的"坚船利炮"轰开了中国的大门，中国传统文明与西方资本主义文明交锋交汇，但是当时的中国在诸多方面却呈现出一幅惨淡的景象。尽管历史上中国曾长期处于领先地位，有很强的世界影响力，可是到了封建社会晚期，清王朝骄傲自满、作茧自缚，认为天下为其独尊。由于一直无视外部世界的深刻变革，中华民族在经济、科技、政治等方面相继落后于西方国家，鸦片战争后中国成为资本主义全球扩张下的牺牲品，沦为半殖民地半封建社会。

中国式现代化道路是中华民族伟大复兴之路。从历史纵深视角来看，1840 年鸦片战争后中华民族沦为西方列强侵略和剥削的对象，国家蒙辱、人民蒙难、文明蒙尘。也正是从这时起，中国人民开始探索一条民族复兴之路。习近平总书记指出："建设富强民主文明和谐的社会主义现代化国家，实现中华民族伟大复兴，是鸦片战争以来中国人民最伟大的梦想，是中华民族的最高利益和根本利

---

① 《十八大以来重要文献选编》上，中央文献出版社 2014 年版，第 112 页。

益。"① 中国共产党和中国人民正是在探求民族复兴的历程中逐步开辟出中国式现代化道路的。中国共产党成立前，中国人民关于现代化道路的探索为我们党探索现代化道路铺垫了历史前提和思想基础。唯有对 1840 年至 1921 年的这段历史进行考察和梳理，才能够讲清楚中国共产党领导开辟中国式现代化道路的历史必然性。

中华民族伟大复兴是中国式现代化道路的逻辑起点。"逻辑起点是一种理论或思想起始的范畴，往往以起始概念的形式表现。一般情况下，它必须同时具备四个要件：第一，此逻辑起点是一个最基本、最简单的质之规定；第二，此逻辑起点是构成该理论或思想的研究对象之基本单位；第三，此逻辑起点内涵贯穿于该理论或思想发展的全过程；第四，此逻辑起点范畴有助于形成完整的科学理论体系。"② 因此可以说，"中国式现代化道路"的逻辑起点是"中华民族伟大复兴"。"中华民族伟大复兴"是贯穿于中国式现代化道路研究的一个最基本、最简单的质之规定，是关于中国式现代化道路研究的一个最基本概念，只有借助于此基本范畴才能更好地理解与研究"中国式现代化道路"的必然性、客观性与完整性。这与 1840 年鸦片战争这一"中国式现代化道路"研究的历史起点统一对应起来了。逻辑与历史是统一的，历史的起点同时也是逻辑的起点。

---

① 习近平：《在网络安全和信息化工作座谈会上的讲话》，人民出版社 2016 年版，第 3 页。
② 贺新元：《中国道路：不一样的现代化道路》，福建人民出版社 2014 年版，第 4 页。

第二节　中国式现代化的思想渊源

一、马克思主义理论的发展与指引

虽然在马克思恩格斯的经典著作中极少使用"现代化"这一概念，但是在其许多著作中都蕴含着关于现代化发展的思想观点。"现代阶级""现代生产方式""现代社会"等概念在马克思主义经典作家的著作中用来特定指代"资产阶级""资本主义生产方式""资本主义社会"。实际上，正是资本主义的不断发展，人类社会才逐渐由传统农业文明向现代工业文明转变，《共产党宣言》中明确指出："资产阶级，由于一切生产工具的迅速改进，由于交通的极其便利，把一切民族甚至最野蛮的民族都卷到文明中来了……一句话，它按照自己的面貌为自己创造出一个世界。"[①] 早在第一次工业革命时期，马克思就对资本主义生产方式及其所带来的诸多影响进行了系统深入的分析。"在西方政治思想史上，马克思是系统研究和全面反思批判西方现代化的先驱者，也是对西方现代化的'动力源''问题因''矛盾链'进行全面诊断的思想家，更是探索如何破解西方现代化之'困境'和'苦果'的先行者。"[②] 资本是资本主

---

① 《马克思恩格斯文集》第二卷，人民出版社 2009 年版，第 35—36 页。
② 黄建军：《唯物史观视野下中国式现代化的历史坐标与世界意义》，《马克思主义研究》2022年第 6 期。

义的核心，也是西方现代化的核心动力，其能够带来剩余价值，具有天然的竞争性、利己性和冒险性，会不惜一切手段去获取利润最大化。资本主义的独特性质是"把现有的资本价值用作最大可能地增殖这个价值的手段。它用来达到这个目的的方法包含着：降低利润率，使现有资本贬值，靠牺牲已经生产出来的生产力来发展劳动生产力"①。这就意味着在资本主义社会中"社会生产力的无条件的发展——不断地和现有资本的增殖这个有限的目的发生冲突"②。资本主义生产方式本身所固有的矛盾一旦积累到了无法调和的地步，就会给整个现代社会带来灾难。马克思恩格斯在层层剖析资产阶级的发展历程及其历史使命的基础上，提出资本主义的灭亡和社会主义的胜利同样不可避免，并科学预见了"在资本主义社会和共产主义社会之间，有一个从前者变为后者的革命转变时期"③，同时还提出了"卡夫丁峡谷理论"，指出人类社会的发展进步不一定非要通过资本主义制度，经济文化相对落后的非资本主义国家完全可以吸收和借鉴资本主义文明所取得的一切成果并在此基础上实现自身的发展。这些思想观点为开辟新形态的现代化道路提供了理论指导。

---

① 《马克思恩格斯文集》第七卷，人民出版社 2009 年版，第 278 页。
② 《马克思恩格斯文集》第七卷，人民出版社 2009 年版，第 279 页。
③ 《马克思恩格斯文集》第三卷，人民出版社 2009 年版，第 445 页。

有学者主张在探索中国式现代化道路的理论渊源时，应以马克思主义经典作家关于现代化与社会主义时空关系的一般思考为理论起点。这主要是因为，在马克思主义理论视域中与"现代化"相关联的，除了马克思主义经典作家关于世界历史、东方社会发展以及对资本主义的批判外，社会主义的时空发展也是与之联系密切且不容忽视的一个重要的方面。① 在社会主义的发展中，马克思主义基本原理与俄国革命的具体实践相结合，产生了列宁主义，社会主义由理想变为现实。列宁创立和运用帝国主义理论，观察和分析资本主义发展到垄断阶段后世界经济政治出现的新情况新问题，揭示了资本主义发展不平衡规律，提出社会主义革命可以在帝国主义统治链条的薄弱环节俄国首先取得胜利，提出将民主革命转变为社会主义革命以及殖民地问题的思想。列宁强调："无产阶级取得国家政权以后，它的最主要最根本的利益就是增加产品数量，大大提高社会生产力。"② 十月革命胜利后，面对国家经济文化落后的现实，列宁深刻认识到新生的苏维埃共和国虽然具有发展社会主义的政治条件，但是在经济上还不能直接过渡，认为"在经济建设的一些根本问题上必须采取'改良主义的'、渐进主义的、审慎迂回的行动方式"③，提出应该利用资本主义，将其作为"提高生产力的手段、途径、方

---

① 张润峰：《论中国式现代化道路的生发逻辑与独特内涵》，《探索》2022 年第 2 期。
②《列宁选集》第四卷，人民出版社 1972 年版，第 586 页。
③《列宁全集》第四十二卷，人民出版社 2017 年版，第 255 页。

法和方式"①。战时共产主义政策和新经济政策都是苏联在发展社会主义现代化过程中的积极尝试，为人类探索新的现代化模式提供了思想指导和经验借鉴。

二、中华优秀传统文化的生成与影响

中国式现代化道路的形成具有深厚的历史渊源，其形成离不开对中华民族5000多年悠久文明的传承和发展。中华文明具有新陈代谢和吐故纳新的能力，一直绵延不绝、赓续发展，这客观上为中国式现代化道路的生成发展提供了深厚的文化滋养。鸦片战争前，中华传统文明一直在新陈代谢，只不过是在内部绵延不息地进行，是在内部以儒家文明为内核的各民族文化（尤其是农业文明与游牧文明）之间发生的新陈代谢与吐故纳新。中华传统文明之所以能够不断地赓续发展，正是得益于其自身所具有的新陈代谢和吐故纳新的能力。

中华文化基因具有稳固性、持久性和传承性，为中国的发展进步提供理念引导和精神支撑，中国式现代化道路的成功开辟与持续发展离不开中华文化基因作用的发挥。中华文化基因一方面结构稳定而不易改变，维系着中华文明5000多年不断；另一方面具有展

---

① 《列宁全集》第四十一卷，人民出版社2017年版，第217页。

开与发展的开放包容潜质，保证着中华传统文明的发展进步。早在1919 年 8 月，毛泽东在《湘江评论》第 4 期上发表的《民众的大联合》一文中就指出："我们中华民族原有伟大的能力！压迫愈深，反抗愈大，蓄之既久，其发必速，我敢说一怪话，他日中华民族的改革，将较任何民族为彻底，中华民族的社会，将较任何民族为光明。中华民族的大联合，将较任何地域任何民族而先告成功。诸君！诸君！我们总要努力！我们总要拼命向前！我们黄金的世界，光荣灿烂的世界，就在面前！"[①] 中华传统文化中蕴藏着许多对促进社会发展具有持久性的独特文化基因，比如讲仁爱、重民本、守诚信、崇正义、尚和合、求大同。这些在一定意义上体现着人类共同价值成分的文化基因是中华传统文明能够转型成功的基础性保障。

中国式现代化道路的探索历史也是中国传统文化的转型升级历史。1840 年始，中华传统文化在与西方资本主义文化遭遇战中，在守势中节节败退，一直处于弱势。怎样振兴中华文化，成为有识之士探寻的问题。从太平天国寻求基督教文化，到改良派的改良主义文化，再到孙中山先生的资产阶级思想文化，都没能振兴起中华文化。辛亥革命失败后，特别是在新文化运动和五四运动期间，中国优秀的先进知识分子借助西方的科学与民主思想，对中华传统文化进行"扬弃式"改造，摒弃消极方面，弘扬积极方面。一些与科学

---

① 《"一大"前后——中国共产党第一次全国代表大会前后资料选编（一）》，人民出版社 1985年版，第 95 页。

和民主相抵触的封建主义文化遭到批判，与科学和民主相符的文化得以改造与重生。新文化运动取得的成就加速了十月革命后马克思列宁主义在中国的传播。中国人民正是在对西方社会政治思潮的甄别与汲取中，最终选择了代表世界历史先进方向的马克思列宁主义。马列主义的广泛传播和五四运动工人阶级走上政治舞台，促成中国共产党的成立。从此，中国共产党自觉肩负起中华文化的改造与转型的历史重任。

基于自觉，中国共产党自成立伊始，就十分重视文化建设，毛泽东在延安时期全面论述了新民主主义文化，在《新民主主义论》中提出建设反帝反封建文化，建设民族的、科学的、大众的文化。新民主主义文化主要是以马列主义指导的革命文化，正是在这种文化环境下，我国取得了新民主主义革命和社会主义革命的胜利。随之，中国进入社会主义建设时期，并形成了自己独特的社会主义建设文化。改革开放和社会主义现代化建设时期，中国文化发展为中国特色社会主义先进文化，中国共产党由对中华传统文化的继承者和弘扬者，成为中国特色社会主义先进文化的代表者、倡导者和发展者。中国共产党在探索中国式现代化道路的过程中促进着中华传统文明的"与时俱进"，在推动中华传统文明向现代化转型中深化着中国式现代化道路，这是一种同向同质同步融合发展。①

---

① 贺新元：《中国道路：中华传统文明转型之道》，《观察与思考》2016 年第 7 期。

在探索和发展中国式现代化道路的过程中推进中华优秀传统文化的创造性转化和创新性发展。中国式现代化道路以实现中华民族伟大复兴为目标指向，而要实现中华民族伟大复兴必须要实现文明与文化的繁荣兴盛。习近平总书记在党的十九大报告中指出："文化是一个国家、一个民族的灵魂。文化兴国运兴，文化强民族强。没有高度的文化自信，没有文化的繁荣兴盛，就没有中华民族伟大复兴。"①唯有不断推进文化的传承赓续和创新发展，才能实现文化的繁荣兴盛。就此言之，推动中华优秀传统文化的创造性转化和创新性发展是实现民族复兴的客观要求。

改革开放以来，在对待传统文化上我们党基本依循三条原则，即剔除传统文化中的封建性痼疾，建立现代性；剔除传统文化中固有的保守性，建立创造性；剔除传统文化中内在的玄虚性，建立实用性。例如，邓小平提出的"小康思想"、江泽民提出的"以德治国"、胡锦涛提出的"和谐社会"与"和谐世界"、习近平总书记提出的"中国梦"，等等。这些创新性提法体现了马克思主义思想，吸收了西方有益于人类发展的积极元素，进而彰显出中华文明在转型过程中表现出的一种由地域性向全球性看齐的趋势。比如，社会主义核心价值体系与核心价值观的提出。社会主义核心价值体系从四个层面在"马学为体、西学为用、国学为根、世情为鉴、国情为据、

①《习近平谈治国理政》第三卷，外文出版社 2020 年版，第 32 页。

综合创新"上体现得淋漓尽致。特别是党的十八大报告倡导的核心价值观，更体现出中华地域性文明在向全球性文明转型：在个人层面提出的"爱国、敬业、诚信、友善"，在社会层面提出的"自由、平等、公正、法治"，在国家层面提出的"富强、民主、文明、和谐"，把中华传统文化中的"修身""齐家""治国"发展成为带有人类普遍价值的"平天下"的全球层面。这24个字在人类共同价值体系图谱上，成功地把"传统中国""现代中国""全球中国"进行了"三位一体"的具有中国特色、民族特征、时代特征的文明价值观塑造和重构。

正如习近平总书记在省部级主要领导干部学习贯彻十八届三中全会精神全面深化改革专题研讨班上强调的："推进国家治理体系和治理能力现代化，要大力培育和弘扬社会主义核心价值体系和核心价值观，加快构建充分反映中国特色、民族特性、时代特征的价值体系。"[1] 要加强对中华优秀传统文化的挖掘和阐发，努力实现中华传统美德的创造性转化、创新性发展。2014年2月24日，习近平总书记在主持十八届中央政治局第十三次集体学习时再次强调，培育和弘扬社会主义核心价值观必须立足中华优秀传统文化。"博大精深的中华优秀传统文化是我们在世界文化激荡中站稳脚跟的根基。中华文化源远流长，积淀着中华民族最深层的精神追求，代表着中华

---

[1]《习近平谈治国理政》，外文出版社2014年版，第106页。

民族独特的精神标识，为中华民族生生不息、发展壮大提供丰厚滋养。中华传统美德是中华文化精髓，蕴含着丰富的思想道德资源。"[1]

三、西方现代化理论的借鉴与启示

从一定角度看，中国的现代化道路的探索是以学习借鉴西方为最初形式的。从中国探索现代化道路的历史起点看，自 1840 年中国被迫卷入西方主导的世界体系后，引进和学习西方先进的科技、制度、思想文化成为近代仁人志士探索救亡图存道路的主要方法。然而，以"师夷长技以制夷"为核心主张的洋务派的惨败深刻证明，通过器物层面的发展变革来实现中国的现代化是行不通的；以实施君主立宪制为核心主张的改良维新派的失败直接表明，靠封建统治者自上而下通过保守渐进式变革实现现代化也是行不通的。随着外国殖民侵略的加重，以及各种变法运动的相继失败，走自下而上的革命道路越来越具有吸引力，得到越来越多的先进分子的认同。孙中山领导的辛亥革命推翻封建帝制，使得中国的现代化进程向前迈进了重要一步。孙中山曾乐观估计，在中国建立议会民主制，通过十年建设可以与西方国家"并驾齐驱"。历史的发展总是复杂曲折的，辛亥革命以失败告终。

---

[1]《习近平谈治国理政》，外文出版社 2014 年版，第 164 页。

有学者认为："马克思主义传入中国之前，中国的现代化约等同于'西化'，发展目标和道路为资本主义现代化，中国近代的现代化之路就是对西方文明亦步亦趋的模仿之路。"[①] 在观察近代以来中国探索现代化历程时，有一个重要方面是绝对不能忽视的，这就是中国现代化的发展一开始就面临着双重危机，一是外来殖民入侵造成的民族危机；二是封建主义钳制造成的国家重建危机。而诸多救国方案，要么是对前者估计不足，要么是对后者的心存幻想。只有中国共产党具有彻底的革命性和先进性。毛泽东指出："帝国主义列强侵入中国的目的，决不是要把封建的中国变成资本主义的中国。帝国主义列强的目的和这相反，它们是要把中国变成它们的半殖民地和殖民地。"[②] 对帝国主义的侵略目的认识不足或心存幻想是无法改变中国半殖民地半封建社会性质，推动实现中国的现代化的。

学习借鉴人类社会发展的先进经验是中国的现代化道路发展历程的重要特征，但是在学习借鉴过程中却存在两种偏好：一种是忽视中国实际的盲目照搬；另一种是结合中国实际的独立自主探索。历史和实践已经证明，凡是成功了的都是具有独立自主性的选择性的现代化，凡是盲目崇外、照搬他国模式的没有不屡遭挫折的。比较历史研究的开创性人物巴林顿·摩尔在《专制与民主的社会起源》

---

① 尹占文、史雅琴：《论中国现代化发展的理论逻辑、历史逻辑和实践逻辑》，《西华师范大学学报（哲学社会科学版）》2021 年第 4 期。
② 《毛泽东选集》第二卷，人民出版社 1991 年版，第 628 页。

中将人类由传统农业社会走向现代工业社会的方式分为三种，即以英法为代表的资本主义与议会民主相结合的发展模式、以日德为代表的反动的资本主义与法西斯主义相结合的发展模式和以中俄为代表的社会主义发展模式。同时指出，这三种模式是在前后相继的历史阶段发生和发展的，相互之间具有一定联系，一个国家所选择的现代化方式，会改变下一阶段另一些国家按同一方式处理问题的程序，没有英国先行的民主方式的现代化，不大可能出现德国与日本采用的反动式，没有资本主义的经验与反动经验，共产主义方式纵然出现，也会完全不同。① 该观点虽然过分夸大了外在因素对民族和国家发展的影响，忽视了各国现代化的发展演化本质上是受历史客观规律制约的。但是其指出了在人类进入世界历史的宏观背景下，各国的现代化探索的理论与实践会不可避免地被赋予世界意义。人们从事的认识和改造社会的历史活动总是在一定的前提和条件下进行的，中国探索现代化道路的历史前提条件是世界范围内许多西方国家已经在现代化发展上成功探索出不同的经验和模式。可供中国学习借鉴的种类很多，鸦片战争后，"中国几乎对西方出现过的各种现代化模式都进行过快速的试选择，这是各国现代化进程中罕见的记录"②。但是，中国在学习借鉴西方现代化的过程中，却展现出一幅滑稽的图景，"老师"侵略"学生"，"老师"还教不了学生。这么

---

① ［美］巴林顿·摩尔：《专制与民主的社会起源》，王茁、顾洁译，上海译文出版社 2013 年版。
② 罗荣渠：《现代化新论——中国的现代化之路》，华东师范大学出版社 2012 年版，第 271 页。

多模式和经验摆在面前，选择学习借鉴谁的经验模式也是事关成败的重要因素。

1. 对苏联模式的批判借鉴

批判吸收俄国革命道路的成功经验。毛泽东指出："十月革命一声炮响，给我们送来了马克思列宁主义。十月革命帮助了全世界的也帮助了中国的先进分子，用无产阶级的宇宙观作为观察国家命运的工具，重新考虑自己的问题。走俄国人的路——这就是结论。"①在诸多方案都失败的历史背景下，俄国十月革命成功开辟出一条通向现代化的新路径，这给正在黑暗中摸索着的中国人民带来了希望。中国民主主义革命因此转变了方向，开启了属于社会主义革命的新民主主义革命。

同俄国十月革命道路一样，中国式现代化道路探索的是经济文化相对落后的国家发展现代化的道路，这条道路本质上是一条非西方现代化的社会主义现代化道路，这条道路"用与西欧其他一切国家不同的方法来创造发展文明的根本前提"②。中国式现代化道路同苏联道路虽然都选择了以马克思主义为指导、以实现社会主义为指向，但二者之间又存在诸多不同之处。在马克思主义的纲领性文献《共产党宣言》1872 年德文版序言中提出这样一条非常重要的原则，即"这些原理的实际运用……随时随地都要以当时的历史条件为转

---

①《毛泽东选集》第四卷，人民出版社 1991 年版，第 1471 页。
②《列宁选集》第四卷，人民出版社 2012 年版，第 777 页。

移"①。中国探索现代化的历史背景、具体国情、阶级力量等同苏俄有很大的不同。俄国十月革命以工人和军人为革命主力军，而中国则是以工人阶级为领导、以工农联盟为主力军，其中农民占有绝对比重。俄国十月革命的革命对象是国内封建力量和相对薄弱的新兴资产阶级，中国革命的对象是异常顽固强大的封建主义、官僚资本主义和帝国主义。"两个国家不同的国情，决定着武装斗争的形式不能完全一样。照抄照搬、全盘复制十月革命模式，必定要失败。中国共产党在失败的教训中，以血的代价找到了适应中国实际情况的武装斗争形式，即在农村建立革命根据地，联合农民阶级，走农村包围城市武装夺取政权的革命道路。"②

辩证看待苏联建设道路。如何在经济文化相对落后的国家建设社会主义，是世界社会主义运动必须破解的重大难题，也是人类社会发展进步需要回答的重要课题。十月革命胜利后，俄国走上了社会主义道路，开始探索在本国经济文化相对落后的背景下如何建设社会主义。为应对国内战争和外国干涉，列宁提出了战时共产主义政策，虽然解决了当时面临的急迫难题，但是这一政策也导致了许多新问题的产生。列宁随后又提出新经济政策，但这一政策被列宁的继承者斯大林所摒弃。斯大林时期，苏联在社会主义实践中逐渐形成了苏联模式。这一模式是马克思列宁主义基本原理同苏联实践

---

① 《马克思恩格斯选集》第一卷，人民出版社 2012 年版，第 376 页。
② 贺新元：《中国道路：不一样的现代化道路》，福建人民出版社 2014 年版，第 177 页。

相结合的产物，是苏联共产党领导苏联人民在实践中创造的第一个社会主义模式，它保证了苏联在第二次世界大战中取得卫国战争的胜利，是粉碎法西斯战争的中流砥柱。在社会主义建设方面，苏联进行了许多有益探索，例如，在社会主义基本制度建设方面，探索出全民所有制和集体所有制两种公有制形式，在政治上建立以工人阶级为领导、以工农联盟为基础的苏维埃政权，依靠无产阶级专政来保卫社会主义制度，实施广泛的民主等，在意识形态方面确立马克思列宁主义的指导地位。

苏联模式也存在很多弊端。例如，过分集中的党和国家领导体制造成了党政不分，以党代政，个人权力凌驾于党和国家之上过度集权的局面，结果是党内民主受到限制，中央监察委员会的职权被削弱，形成了少数人专权。再如，在思想文化领域，过分集中的思想文化管理体制以及一元化的指导思想，使得社会对不同思想观点的包容性不足，舆论高度一律，领袖的言论被神圣化和绝对化，以行政和高压手段解决思想认识问题和学术争论问题，限制了正确意见的表达，社会风气日渐僵化，失去创新创造的活力。此外，在民族问题和对外关系方面，大俄罗斯主义、极端的地方民族主义、大国主义以及苏联不能平等对待社会主义国家和其他弱小国家等，这些体制弊端不仅未能在发展中适时地得到改革或改善，还在发展中被强化和固化，大大降低了苏联模式的魅力。

中国共产党在全面建设社会主义时期逐渐认识到苏联模式的弊

端，意识到学习借鉴苏联的经验并不能代替自己独立自主地探索社会主义道路，提出"以苏为鉴"和"走自己的路"的思想，提出把马克思主义与中国具体实际相结合的"第二次结合"的思想，并进行了积极探索。

吸取镜鉴苏联改革道路的惨痛教训。针对僵化的苏联模式及其带来的各种矛盾和问题，时任苏共总书记的戈尔巴乔夫采取了激进式的改革，想根本否定苏联模式，他将苏联模式描述为严重"变了形的社会主义""曲解了的社会主义""集权官僚模式的社会主义"，把苏联模式看作阻碍苏联经济与社会发展的根源。其所推行的"人道"的民主社会主义改革方案全面推翻苏联模式，否定公有制提倡私有化，否定马克思主义在意识形态领域的指导地位，主张多元化，听任资本主义思想自由泛滥，等等。这种彻底否定苏联模式的改革，本质上是反对社会主义的，错误的改革路径酿成了灾难性后果——苏联解体。邓小平指出："社会主义好像被削弱了，但人民经受锻炼，从中吸收教训，将促使社会主义向着更加健康的方向发展。"[1]中国吸取了苏联改革的失败教训。邓小平提出在实施改革的过程中一定要坚持四项基本原则，指出"如果动摇了这四项基本原则中的任何一项，那就动摇了整个社会主义事业"[2]，强调一定要坚持公有制为主体和共同富裕两个根本原则，并正式提出社会主义制度与市

①《邓小平文选》第三卷，人民出版社 1993 年版，第 383 页。
②《邓小平文选》第二卷，人民出版社 1993 年版，第 173 页。

场经济结合的命题。江泽民提出要区分两种改革开放观，并把社会主义市场经济体制定为中国经济体制改革的目标。胡锦涛提出中国特色社会主义发展的总布局是"五位一体"。改革开放以来，市场经济与社会主义制度的结合度越来越高，社会主义民主政治越来越成熟，社会主义社会越来越和谐，社会主义文化越来越繁荣，社会主义生态文明理念越来越得到全民认同。

2. 对西方现代化理论的扬弃和超越

现代化运动最早起源于西欧，是西方从传统社会向现代资本主义社会转型升级的历史过程。资本，作为一种全新的社会生产关系，是西方现代化发展的内驱动力，宰制着西方现代化的整个过程。马克思深刻指出西方资本主义的发展历史是"用血和火的文字载入人类编年史的"[①]。资本天然带有的竞争性、利己性和冒险性，使得其会不惜一切手段去获取利润的最大化，与资本在世界范围内的运行与扩张相伴随的是殖民掠夺和奴役，"资本来到世间，从头到脚，每个毛孔都滴着血和肮脏的东西"[②]。西方资产阶级以侵略者的身份按照自己的面貌来改造整个世界，成就了西方的现代化，也造就了一个为其现代化服务的第三世界。西方现代化虽然开启了人类的现代化历程，可是该道路本身是一条不可持续的道路，给人类社会带来了一系列问题和灾难。"第一，资本全球联合对全球产业工人的分化

---

① 《马克思恩格斯选集》第二卷，人民出版社 2012 年版，第 291 页。
② 《马克思恩格斯文集》第五卷，人民出版社 2009 年版，第 871 页。

与过度剥削、压迫；第二，资本在联合过程的相互竞争性导致的战争，破坏整个社会生态系统的生存能力；第三，资本的无限制扩张和唯利是图的本性不断破坏着人与自然平衡，造成全球环境污染、生态失衡；第四，资本主义全球化在引发资本与资本之间对立的同时，既制造大多数第三世界国家与少数发达资本主义国家的两极分化，又制造所有国家内部的两极分化。"[1]

同时，为了攫取更多利润和维护自己的地位，欧美国家借助自己是现代化先行者这一身份，竭力想把西方的价值观、制度模式和发展道路普遍化，将自己的现代化模式标准化、唯一化，把现代化等同于西化。第二次世界大战后，刚获得民族独立的广大发展中国家臆想西方的现代化就是自己明天的现代化，一厢情愿地跟着西方现代化道路走，心甘情愿地接受西方为其量身定做的一整套发展理论，把自己的发展捆绑在西方现代化发展轨道上。结果证明，西方开出的药方是不可能帮助发展中国家实现现代化的，这些国家都没有很好地发展起来，反而成为西方的附庸。西方现代化完全是"少数人的现代化"，其本身不允许发展中国家这个"绝大多数"实现像它们一样的现代化。正如 2010 年时任美国总统奥巴马在澳大利亚就中国发展问题对媒体所说的：如果 10 多亿中国人口也过上与美国和澳大利亚同样的生活，那将是人类的悲剧和灾难。直白点明西方现

---

[1] 贺新元：《中国道路：不一样的现代化道路》，福建人民出版社 2014 年版，第 192 页。

代化只能是"少数人的现代化"。但是，西方"少数人的现代化"道路真的能堵住广大发展中国家这一"绝大多数人的现代化"道路，让发展中国家无路可走吗？答案是否定的，绝不可能堵住。

实践证明，中国式现代化道路是符合人类社会发展规律的，与西方现代化完全不一样的道路，它不仅拓宽了发展中国家走向现代化的途径，而且已经得到多数发展中国家的内心认同。"我国的实践向世界说明了一个道理：治理一个国家，推动一个国家实现现代化，并不只有西方制度模式这一条道，各国完全可以走出自己的道路来。可以说，我们用事实宣告了'历史终结论'的破产，宣告了各国最终都要以西方制度模式为归宿的单线式历史观的破产。"[1]

---

[1] 中共中央文献研究室编：《习近平关于社会主义政治建设论述摘编》，中央文献出版社 2017 年版，第 7 页。

第二章
中国式现代化的历史演进

2021 年 7 月 1 日，习近平总书记在庆祝中国共产党成立 100 周年大会上指出："我们坚持和发展中国特色社会主义，推动物质文明、政治文明、精神文明、社会文明、生态文明协调发展，创造了中国式现代化新道路，创造了人类文明新形态"[①]。党的十九届六中全会审议通过的《中共中央关于党的百年奋斗重大成就和历史经验的决议》重申："党领导人民成功走出中国式现代化道路，创造了人类文明新形态，拓展了发展中国家走向现代化的途径。"[②] 2022 年 10 月，党的二十大报告初步阐述了中国式现代化理论。2023 年 2 月，习近平总书记在学习贯彻党的二十大精神研讨班上进一步概括出中国式现代化理论体系。中国式现代化是我们党领导全国各族人民在长期探索和实践中历经千辛万苦、付出巨大代价取得的重大成果。对中国式现代化的形成发展历程进行系统全面的梳理，总结我们党在不同历史时期探索民族复兴之路过程中的主要实践和重要成就，不仅能够全面呈现中国式现代化的发展脉络，还有助于我们深刻把握它的来之不易。

第一节　在中国共产党成立前的先期探寻

1840 年，最早完成工业革命的英国对中国发动鸦片战争，这场

---

① 习近平：《在庆祝中国共产党成立 100 周年大会上的讲话》，人民出版社 2021 年版，第 13-14 页。
②《中共中央关于党的百年奋斗重大成就和历史经验的决议》，人民出版社 2021 年版，第 64 页。

战争彻底改变了古老中国的命运，直接导致中国沦为半殖民地半封建社会。这场战争宣告了古老的文明帝国拟靠"内生"方式走向现代化和民族国家体系道路的终结。以此为起点，中华民族谋求繁荣复兴、中国人民探寻现代化在历史上正式拉开了序幕。面对数千年未有之大变局，各方仁人志士在面对亡国亡种的担忧和苦痛中提出各式各样的思想与方案，上演了一幕幕救亡图存的历史剧。

一、中华民族遭受前所未有的劫难

14—15 世纪，欧洲资本主义萌芽，通过对内进行"羊吃人"等运动完成资本原始积累，又随着 16 世纪新航路的开辟对外进行早期的殖民掠夺。17—18 世纪，英、美、法等国先后发生资产阶级革命，西方资本主义迅速发展。1840 年后，英国率先完成工业革命，成为世界上第一个工业国家。工业革命后的欧洲列强凭借地理知识、航海技术和先进科技，为争夺商品倾销市场和原料产地，在世界范围内到处不择手段地扩张。到 19 世纪中叶，法国、美国、俄国、日本等国也陆续进行工业革命，世界进入资本主义时代。

在西方发展资本主义时期，中国正处在明清封建社会。明朝时期，我国东部沿海地区产生资本主义经济的萌芽，但因明朝末年的海禁政策和清朝的建立而被基本扼杀。在鸦片战争之前，中国对西方总是秉持排斥态度，不仅未能赶上资本主义发展和工业革命的时代大潮，甚至还居高临下地把想进入中国的外国资本、贸易和文明挡在国门外。中国在"天朝上国"的美梦中逐渐落后于西方。马克思主义认为，逐利性是资本主义的本质特征。为了从东方榨取利润，西方资本主义国家尝试通过各种手段来打开中国的商品市场，企图将其发展为原材料供应地。19世纪东西方直接接触后，由于受到东方封建制度的钳制以及西方对瓷器、丝绸等东方商品的欢迎和喜爱，西方贸易竟长期保持着入超状态。为扭转这一局面，英、美、俄等国家开始利用鸦片这种特殊商品慢慢在中国打开贸易口子。

鸦片泛滥给中国经济、社会风气和人民的身体健康带来严重损害。以林则徐为代表的爱国官吏发动了禁烟运动，但禁烟直接损害了英国资产阶级的利益，很快英国便发动了蓄谋已久的侵略战争。鸦片战争失败后，中国被迫签订了历史上第一个不平等条约——《中英南京条约》。随后，西方列强对中国进行了多次侵略，强迫中国割地赔款。香港、台湾、东北和西北等地区相继被西方列强侵占，数以百计的不平等条约、条款和章程使得中国寸步难行。西方列强在中国贪婪索取、烧杀淫掠，给中华民族留下了痛苦记忆和历史屈辱。腐朽无能的清政府不仅不能保护自己的国民，还竭力扼杀中国发展的生机活力。中国人民生活在水深火热之中，中华民族被逼到亡国灭种的悲惨境地。从这时起，中华民族开启了摆脱屈辱、谋求复兴与现代化的历史进程。

二、各种救亡图存方案的提出及其破灭

为救亡图存，各界仁人志士和爱国人士前赴后继、不懈探索。在近一个世纪中，中国社会各个阶级、各派政治力量相继登上政治舞台，针对中华民族面临的危机提出了种种救国方案，进行了各式各样的尝试。

太平天国的农民起义。封建时期，中国的经济形势以自给自足的自然经济为主，虽然也有商品交换，但是在整个经济中并不居于主体地位。作为统治阶级的皇帝、贵族和地主占有全国大部分的土地，农民分得的土地很少。为了生存，许多农民不得不到地主阶级的庄园里务农，但其所得的一半甚至大部分被地主阶级以地租的形式占有，所以常常是"四海无闲田，农夫犹饿死"。此外，为供养封建剥削制度的权力机关以及维护力量——军队，农民要缴纳沉重的赋税，还要从事无偿的劳役。"农民被束缚于封建制度之下，没有人身的自由。地主对农民有随意打骂甚至处死之权，农民是没有任何政治权利的。"[1] 鸦片战争后，农民无法承受沉重的剥削和压迫。1851年，太平天国运动首先在广西爆发，随后运动浪潮迅速扩散，势力扩展到 17 个省。在一定意义上，太平天国运动蕴含着一些现代化因素，在其主要文件《天朝田亩制度》《资政新篇》中提出了如发展全

---

[1]《毛泽东选集》第二卷，人民出版社 1991 年版，第 624 页。

国交通网络、设置金融机构和邮政、奖励开发产业等具体措施，这些举措就当时的历史情况而言，无疑是具有进步意义的。但是，作为中国历史上规模最大的农民起义，太平天国运动依旧未能摆脱农民阶级自身的阶级局限，同历史上其他农民起义一样，最终以失败告终，不过其在加速封建社会崩溃、延缓殖民化、唤醒民族斗争意识等方面发挥了一定的积极作用。

"中体西用"的洋务运动。面对帝国主义侵略剥削和此起彼伏的农民起义，清王朝上层的开明人士迫切地想要"自强""求富"，以重树权威、中兴社会。他们将目光投向西方，恭亲王、文祥、曾国藩、左宗棠、李鸿章等上层精英分子提出了"中体西用"方案，主张在不变更封建君主专制制度的前提下，以儒家思想为主体并作为思想基础，学习借鉴西方的工业和技术并作为辅助，以实现国家富强的目的。在这种思想方案的指导下，洋务派开始大胆接触和积极学习"西学"，引进西方的各种先进技术。从最初引进军事、工业等领域的技术，到翻译与学习自然科学和社会科学，持续30余年的洋务运动虽然最后以失败告终，但其客观上对中国早期工业和民族资本主义的发展起到了一定的积极作用，开启了中国近代化工业道路。这一运动也充分证明，不推翻腐朽的封建制度中国根本不可能实现现代化。

中西结合的君主立宪制改革。甲午中日战争的失败掀起了帝国主义对中国新一轮的瓜分狂潮，清王朝岌岌可危，中国的半殖民地状态更加深重。一些有识之士主张推行相对激进的制度性改革甚至革命。以康有为、梁启超为主要代表的维新派，主张在政治上建立资产阶级君主立宪制，在经济上发展民族资本主义，并在光绪帝的支持下发动维新变法。但因损害到慈禧太后的利益，变法仅持续了103天就以失败而告终。随着帝国主义入侵的步伐加快和中国殖民程度的不断加深，国计民生越发艰难，一种濒临灭亡的感觉在国人心中与日俱增，有民族自豪感的爱国人士对帝国主义展开了激烈的反抗。1900年义和团运动爆发，但被八国联军联合剿灭，近代史上最不平等的《辛丑条约》的签订使得中国完全沦为半殖民地半封建社会。面对快要亡国亡种的复杂形势，慈禧太后企图通过实施"新政"，吸纳西方的一些制度因素来微调中国现有体制，以巩固自己的统治地位并重新获得外国尊敬。但慈禧太后没有打算真正从政治制度上实施君主立宪，那些以渐进形式推行的改革措施，本质上只是想延长封建统治阶级的专制统治，这并不符合历史发展潮流，失败是历史必然。百日维新和清末新政引起了整个中国社会状况的改变，民主共和思想在中国广泛传播，工业化和民主化获得巨大进步，中国资产阶级性质的现代化思想和运动在一定范围和程度上有了发展，促进中国由传统社会向现代社会转变。与此同时，越来越多的仁人志士认识到，只有彻底推翻封建社会，才能实现国家富强、人民幸福，才能进步到更高一级的社会形态。甚至部分有识之士意识到，以和平变革的途径完成不了对封建社会的彻底推翻，必须采取流血革命的手段。

推翻封建专制的辛亥革命。随着中国半殖民化的程度不断加深，中国民族资产阶级逐渐兴起。半殖民化在主观上抑制了中国民族工业的成长，但在客观上却为中国经济现代化提供了必不可少的前提条件，同时还刺激了保护民族经济的经济民族主义和爱国主义的产生，这些为中国经济现代化提供了助推力。随着国门的打开，西方思想的大量涌入，中国知识阶层普遍产生用西方思想文化标准改造中国传统主流思想文化，抛弃那些导致中国衰弱的思想文化。在此背景下，孙中山逐渐形成并提出了以"民族主义、民权主义、民生主义"为主要内容的三民主义思想，并在这一思想的指导下进行了几十次大大小小的革命起义，终在 1911 年 10 月爆发的辛亥革命中推翻了清王朝统治，建立了中华民国，结束了封建君主专制制度。孙中山撰写的《建国方略》计划革命之后从心理建设、物质建设和社会建设三个方面来建设资产阶级民主共和国，主张启发和唤醒民众，建设商港、运河、铁路，发展交通运输，创建大工厂，建设沿海商埠，建设粮食工业、衣服工业、居室工业、印刷工业，开采铁、煤、石油、铜等矿物资源。孙中山认为，只要破除民众的思想迷津，使之认识到建立新国家的可行性，"乃能万众一心，急起直追，以我五千年文明优秀之民族，应世界之潮流，而建设一政治最修明、人民最安乐之国家，为民所有、为民所治、为民所享者也"[1]。《建国

---

[1] 孙中山：《建国方略》，生活·读书·新知三联书店 2015 年版，第 7 页。

方略》是近代中国谋求现代化的第一份蓝图，但这一资本主义工业化发展方案在半殖民地半封建社会的条件下被束之高阁，未能取得成功。

由于在思想和阶级等方面存在历史局限性，辛亥革命并不彻底，中国人民的悲惨命运并未改变，民族独立和人民解放的历史任务也并未完成。而后，在帝国主义和国内反动势力的支持下，以袁世凯为首的北洋军阀窃取了辛亥革命果实，甚至上演了复辟帝制的历史闹剧。辛亥革命后，一个皇帝被赶下台，却产生更多的封建军阀，西方列强仍然在中国横行霸道、攫取利益，中国人民仍旧在战争、饥饿和贫困中挣扎。

三、历史和人民的选择

"风云变幻感沧桑，拒虎谁知又进狼，无量金钱无量血，可怜购得假共和。"辛亥革命打倒了清政府，推翻了封建专制制度，这在客观上为实现现代化和中华民族伟大复兴扫清了一些障碍。但是由于自身的阶级局限和历史局限，由孙中山领导的中国资产阶级政党——中国国民党，无法提出彻底的反帝反封建的革命纲领，也不能真正地团结和发动人民群众来参与革命斗争，加上政党本身存在诸多问题，被窃取了革命果实。接踵而至的持续十几年的军阀割据，使得国家四分五裂，人民生活在水深火热之中。历史事实证明，中国的地主阶级和资产阶级不可能团结带领人民完成反帝反封建的历史任务，他们肩负不起民族独立和人民解放的历史重任，更不可能带领人民实现中国的现代化。

由于辛亥革命的失败以及袁世凯倒施逆行企图复辟封建帝制和封建文化，一批先进知识分子认识到要救亡图存，就必须在思想文化上解除束缚、祛除蒙昧、启发理智。中国迫切需要一场思想解放运动，迫切需要在思想文化领域展开一场深刻的革命，文化领域到了必须要进行改弦更张的地步。以陈独秀和李大钊为主要代表的中国先进知识分子，以进化论观点和个性解放思想为主要武器，以学校和期刊为主要阵地，猛烈抨击和反对旧思想、旧文学、旧道德。他们认为，传统的思想观念是服务于专制皇权统治的，它造成了国民性的软弱，如不加以批判和抨击，不更新思想文化观念，就不会有现代化的公民和国家。新文化运动彻底地反封建、深刻地批判孔学，动摇了封建正统思想的统治地位，有力促进了思想解放，推动了社会思想进步。新文化运动虽以资产阶级民主主义为救国方案，但在当时的历史背景下，中国先进知识分子对资产阶级共和国方案在中国的适应性和可行性是存在很大疑问的。这是因为：一方面，近代以来中国学习西方的努力都以失败告终；另一方面，第一次世界大战和巴黎和会暴露了资本主义制度的内在矛盾，这些都加重了中国人对西方道路和政策的怀疑。

十月革命一声炮响，给中国送来了马克思列宁主义。在十月革命的启发下，中国先进知识分子打开了通过劳工社会主义道路来解决中国问题的新思路。五四运动的爆发有力地促进了马克思主义在中国的传播，也使中国先进知识分子更加清醒、更加深刻地认识到了帝国主义联合欺压中国人的实质。"帝国主义列强侵入中国的目的，决不是要把封建的中国变成资本主义的中国……它们是要把中国变成它们的半殖民地和殖民地。"[1] 五四运动后，中国工人阶级作为一支独立的力量登上历史舞台，加上马克思主义在中国广泛传播，中国现代化发展出现了转机。马克思主义以自身的革命性、进步性以及与中国文化、中国精神的融通性，相当程度上满足了中国革命的需要，为解决近现代中国面临的矛盾和危机，实现中国现代化提供了新的理论指导。中国共产党是在各种救国方案轮番上台但都失败的历史背景下建立的，近代以来中国人模仿西方现代化的失败案例为之提供了历史镜鉴，其自诞生之日起就自觉把实现民族独立、人民解放作为自己的历史使命，看作中华民族复兴的先决条件，探索中国现代化道路的重任，历史地落在了中国共产党身上，由此掀开了中国现代化探索的新篇章。

---

[1]《毛泽东选集》第二卷，人民出版社 1991 年版，第 628 页。

第二节　在新民主主义革命时期的孕育

中国共产党的诞生是开天辟地的大事变，从此中国现代化发展之路有了一个先进的坚强的领导核心。中国共产党一经成立就把马克思主义写在自己的旗帜上，明确党的奋斗目标是推翻资产阶级，废除资本所有制，建立无产阶级专政，实现社会主义和共产主义，强调党的基本任务是从事工人运动的各项活动，加强对工会和工人运动的研究与领导。从此，中国诞生了一个全新的、以共产主义为目的、以马克思主义为行动指南的、统一的工人阶级政党。在中国共产党的带领下，中国现代化建设的探索之路开启了新篇章。

一、与国民党合作清除军阀

中国共产党诞生在帝国主义殖民剥削和军阀混战割据的动荡时局下。当时中国面临的最突出的问题，便是帝国主义势力操纵下愈演愈烈的军阀混战。要推动中国的发展进步，实现关于中国的一切美好梦想，不先推翻大大小小的各种军阀和帝国主义是不可能实现的。就像中国共产党第三次代表大会制定的《中国共产党党纲草案》中所分析的那样："中国之经济力，在帝国主义及军阀统治之下，永无独立及充分发展之可能。"[1]1922年6月，中共中央在发表的《中国共产党对于时局的主张》中指出："在无产阶级未能获得政权以前，依中国政治经济的现状，依历史进化的过程，无产阶级在目前最切要的工作，还应该联络民主派共同对封建式的军阀革命，以达到军阀覆灭能够建设民主政治为止。"[2]

面对列强扶持的军阀割据混战局面，无论是孙中山领导的国民党，还是刚刚诞生的中国共产党，都需要联合其他革命力量来完成自己的革命目标。十月革命的胜利让孙中山非常欣喜，苏维埃政府对中国的友好示意和主动提出废除沙皇时期的一些不平等条约，使他对俄国倍感亲切，加之其对布尔什维克党的纪律严明和组织严密的欣赏，促使孙中山急于采取苏维埃的成功模式来改组国民党，并为国民革命寻求苏维埃的援助。1924年1月20日至30日，在广州召开的中国国民党第一次全国代表大会确立了联俄、联共、扶助农工的三大政策，把旧三民主义发展为新三民主义，这为国共合作提供了政治基础，标志着第一次国共合作正式形成。

国共合作促进了中国工人运动的恢复和发展，很快便开创了反帝反军阀的革命新局面。从1924年7月广州沙面租界工人反帝罢工的胜利，到1925年上海五卅运动和省港大罢工，全国范围内掀起了轰轰烈烈的反帝反封建的革命高潮，中国人民追求民族独立和国富

---

①《建党以来重要文献选编（1921—1949）》第一册，中央文献出版社2011年版，第250-251页。
②《建党以来重要文献选编（1921—1949）》第一册，中央文献出版社2011年版，第97页。

民强的愿望被燃起。这是中华民族在中国共产党领导下在追求民族独立、人民解放、国家富强的征途中迈出的成功一步。孙中山决定趁势发动北伐，以扫荡军阀和挫败其背后的帝国主义势力。不幸的是，1925年3月12日，孙中山在北京逝世，其北伐遗业只能由蒋介石继承。北伐任务完成后，1927年蒋介石在上海发动四·一二反革命政变，在南京成立国民政府。汪精卫在武汉发动七·一五反革命政变，屠杀共产党和国民党左派。随后，蒋汪彻底背叛孙中山制定的国共合作政策和反帝反封建的革命纲领，宁汉合流，国共两党公开彻底分裂，第一次国共合作破裂，反帝反封建军阀的大革命失败。这意味着，以孙中山为首的资产阶级革命派向往的将中国变为一个强盛的资产阶级共和国的理想彻底破灭。

二、开辟中国革命新道路

大革命失败后，中国革命的正确方向在哪儿？在半殖民地半封建社会的中国，面对敌我力量对比悬殊的情况，如何正确地开展革命？这既是事关我们党生死存亡的极端重要的问题，也是完成反帝反封建的历史任务，实现民族独立、人民解放、国家富强美好愿景必须要解决的现实难题。可是面对这一难题，陈独秀作为中共中央领导人却犯了右倾机会主义错误，我们党因此付出了巨大代价。八七会议提出挽救革命的对策，坚决纠正和结束陈独秀的错误路线，确定土地革命和武装反抗国民党反动派的总方针，突出了中国革命以土地革命为中心内容、以武装斗争为重要形式这一基本特点。八七会议后，毛泽东以中央特派员的身份到湖南传达八七会议精神并领导了秋收起义。在攻打中心城市长沙受挫后，毛泽东客观分析了敌强我弱、敌大我小的形势，果断决定将革命中心由城市转向敌人统治比较薄弱的农村中去。从进攻大城市转向去农村山区寻找落脚点，这是探索中国革命新道路历程中具有决定性意义的转折和起点。

三湾改编后，毛泽东率部队首先来到井冈山，全力进行边界党、军队和政权的建设。1928 年 1 月 23 日，朱德和陈毅率部队辗转来到井冈山同毛泽东会师，组建红四军。井冈山革命根据地的建立，标志着中国共产党开始走农村包围城市、武装夺取政权的革命新道路。正是这条前人没有走过的正确道路，引导中国革命走向复兴并逐步赢得胜利。

中国为什么要走农村包围城市、武装夺取政权的革命道路，而放弃苏联的城市中心道路？为什么这条道路能够生存并发展？为解释这些问题，毛泽东专门写下《中国红色政权为什么能够存在？》《井冈山的斗争》等系列文章，从理论上作了深刻阐发。毛泽东科学分析了中国革命的性质、任务以及中国红色政权的实质，首次提出"工农武装割据思想"。毛泽东指出，中国红色政权能够存在和发展的条件主要是地方的农业经济（不是统一的资本主义经济）和帝国主义划分势力范围的分裂剥削政策，造成了各派新旧军队之间的矛盾以至连续不断的战争，给革命力量的发展以可乘之机；大革命的影响还留在中国广大区域的工农群众之中；由于引起中国革命的矛盾没有解决，全国革命形势在继续向前发展；有相当力量的正式红军支持的红色政权；红色政权的共产党组织有力量和它的政策的不错误。毛泽东还指出，西方资本主义国家的无产阶级可以利用资产阶级政党的民主制度，从中心城市和平斗争开始，再转变为武装夺取政权。但是，中国社会的性质决定西方资本主义国家的"城市中心论"在中国行不通。在中国，农民占全国人口的绝大多数，农民问题以及农民的土地问题是中国革命的基本问题。所以，中国民主革命必须从农村的武装斗争开始。在《星星之火，可以燎原》一文中，毛泽东对工农武装割据思想再次进行了理论上的阐释，指出红军、游击队和红色区域的建立和发展，是促进全国革命高潮的最重要因素，从而形成了农村包围城市、武装夺取政权的思想和道路。这条道路经过实践的检验，是适合中国革命实际情况的正确道路，反映了中国特殊的历史条件以及由此决定的中国革命发展的特殊规律，是中国革命走向胜利的唯一正确道路。

三、赶走日本侵略者

鸦片战争后，中国在各种内外因素交互作用下开启了现代化运动。与这场运动相伴随的是政治革命、文化变革、军事斗争和殖民入侵等的接续不断，帝国主义与中华民族的矛盾、封建主义与人民大众的矛盾成为近代中国社会的主要矛盾。此外，资产阶级与无产阶级的矛盾、反动统治阶级内部的矛盾等也影响着中国现代化建设与发展，因此，中国现代化进程与西方资本主义国家不同，表现出极端的复杂性。

外国资本主义影响着中国现代化，这种影响具有双重性。一方面，受外国资本主义的影响，中国民族资本主义有了初步发展，中国现代化在曲折中艰难前进；另一方面，帝国主义与中国封建势力相互勾结，压迫和控制中国资本主义的发展。帝国主义在中国建立轻、重工业，并不是为了发展中国的生产力，而是想直接利用和盘剥中国的原料和廉价劳动力；在中国开设银行，不是想发展中国的经济，而是想控制中国的金融和财政；在中国兴办医院、学校、报刊等，不是想让中国的文化得到发展，而是为了造就一批服务自己的知识分子和愚弄中国大众；等等。总之，帝国主义从政治、经济、文化、军事等各个方面控制和压迫中国的发展，扶持封建势力，企图将中国永远固化在半殖民地半封建社会的状态。正如毛泽东在《中国革命和中国共产党》中分析的："帝国主义列强侵入中国的目的，决不是要把封建的中国变成资本主义的中国。帝国主义列强的目的和这相反，它们是要把中国变成它们的半殖民地和殖民地。"①在这种状态下，中国现代化即便有所发展，也是前途渺茫的。

日本帝国主义悍然发动侵华战争打断了中国现代化进程。在新民主主义革命时期，"对中国工业化进程最大的外来阻碍来自日本帝国主义的侵略。从本世纪初，日本帝国主义就逐步加强对中国现代化的蓄意阻碍和破坏"②。从破坏中国关税自主权，大量向中国走私破坏中国的经济秩序，到发动"九一八"事变强占中国东北、侵占中国能源资源、破坏中国经济，再到 1937 年发动全面侵华战争以灭亡中国、变中国为其独占殖民地，日本帝国主义不断扩大对中国侵略。卢沟桥事变后，中共中央向全国发出通电："平津危急！华北危急！中华民族危急！只有全民族实行抗战，才是我们的出路！"③日本企图以三个月时间"灭亡中国"，在这生死存亡的关头，只有全民族团结抗战才是生存和发展的唯一出路，中国共产党和国民党重新合作，形成了抗日民族统一战线。抗日战争时期，在毛泽东思想的指导下，中国共产党运筹延安。当时，尽管在合作中不断受到国民党的军事打压，但为了民族利益，中国共产党始终高举着民族统一战线的大旗，从而占据了道义上的制高点，赢得绝大多数中国人的

①《毛泽东选集》第二卷，人民出版社 1991 年版，第 628 页。
②罗荣渠：《现代化新路：中国的现代化之路》，华东师范大学出版社 2012 年版，第 253 页。
③《建党以来重要文献选编（1921—1949）》第十四册，中央文献出版社 2011 年版，第 356 页。

同情与支持，进而开辟出一批敌后抗日根据地，壮大了共产党的军队和党组织的力量以及民心民力。

中国工农红军经长征到陕北延安后，党中央以延安为根据地，整顿政党、军队和党的思想，有系统地恢复中华苏维埃时期的各种机构，组织民众积极探索与创造新的社会、政治和经济制度，服务于抗战和为最后夺取全国政权做积极准备。在这一过程中形成了延安经验和延安革命道路。延安经验和延安道路对于中国共产党的发展具有创新意义，正是在延安经验和延安道路中种下了中国革命最后胜利的种子。延安革命道路的核心主要是在井冈山时期发展的群众路线、实事求是、武装斗争、在农村加强革命的民族主义等。一直存在的城市中心论和农村包围城市论两种革命道路之争，在延安时期也得以彻底解决。由于抗日战争给予中国民族主义以新动力，加上积累了延安经验，延安时期成为中国共产党最终夺取政权的一个非常重要的准备时期。

在这一准备期，边区的民主得到很大发展。一是在农村普建农会，以群众性社会政治动员培养和加强其阶级意识，鼓励他们积极参加分地运动，支持抗日与民族解放事业。二是在政权建设中，为了加强民族统一战线和团结各阶层人民参加抗战，中国共产党创制"三三制"，规定在民主政权组成人员的分配上，共产党员、非党员的左派进步分子、中间分子各占三分之一。共产党员代表无产阶级和贫农，左派进步分子代表农民和小资产阶级，中间分子代表民族资产阶级和开明绅士。以至有外国人认为，中国共产党在边区实行的称得上是一种民主制度，并实行着代议制民主、农村或农民民主或一种有效的大众民主。[①]

四、解放全国创造根本社会条件

1945 年 8 月 15 日，日本正式宣告投降，中国取得抗日战争的胜利。战后的政治形势，有利于中国局势朝着和平民主方向发展。受长期战争的影响，中国人民的思想觉悟有了很大的提升，加上饱尝战乱之苦越发渴望和平民主。中国共产党从民族大义和大局出发，积极维护国内和平，为实现和平民主做了许多积极努力。可是，国民党统治集团却想要消灭共产党和其他民主势力。"两个中国之命运"的较量，在一定意义上是中国现代化发展的两条道路的较量。国民党政府代表大地主阶级和大资产阶级利益，其所走的现代化最终是要建立一个大地主大资产阶级专政的半殖民地半封建国家。"对于任何一个国家来说，其现代化建设的正常推进必须具备这样一个必要条件，即自身必须拥有现代化建设的独立性和自主性。"[②]依赖帝国主义丧失自身的独立性是不可能真正建设起一个富强繁荣的现代化国家的。

---

① 贺新元：《中国道路：不一样的现代化道路》，福建人民出版社 2014 年版，第 57-58 页。
② 吴忠民：《论中国共产党的现代化观》，《中国社会科学》2022 年第 7 期。

第二次世界大战后，特别是日本帝国主义被打倒后，中国人民所热切期盼的是和平与民主，是"在政治上、经济上、文化上完成新民主主义的改革，实现国家的统一和独立，由农业国变成工业国"①。可是，在美帝国主义指挥下，蒋介石却发动反对中国民族独立和中国人民解放的反革命战争。这场由国民党发动的内战极有可能"将中国拖回到痛苦重重的不独立、不自由、不民主、不统一、不富强的老状态里去"②。国民党所热切追求的一党专政，"实际上是国民党内反人民集团的专政"③，是同广大中国人民和中华民族之根本利益相违背的。

与国民党不同，中国共产党坚持站在最广大劳动群众的一边，满足人民期待、捍卫中国人民的长远利益和根本利益。1945年，党的七大明确提出："中国工人阶级的任务，不但是为着建立新民主主义的国家而斗争，而且是为着中国的工业化和农业近代化而斗争。"④虽然此时并未明确提出"现代化"概念，但"工业化""农业近代化"都内含建设现代化国家的美好愿景。要真正建立起一个独立、自由、民主、统一、富强的现代化国家，就必须彻底地反对帝国主义、封建主义，彻底地结束中国半殖民地半封建社会的状态。要"使中华民族来一个大翻身，由半殖民地变为真正的独立国，使

①《毛泽东选集》第四卷，人民出版社1991年版，第1245页。
②《毛泽东选集》第三卷，人民出版社1991年版，第1052页。
③《毛泽东选集》第三卷，人民出版社1991年版，第1066-1067页。
④《毛泽东选集》第三卷，人民出版社1991年版，第1081页。

中国人民来一个大解放，将自己头上的封建的压迫和官僚资本（即中国的垄断资本）的压迫一起掀掉，并由此造成统一的民主的和平局面，造成由农业国变为工业国的先决条件，造成由人剥削人的社会向着社会主义社会发展的可能性"①，就必须要"坚决彻底干净全部地消灭一切反动势力，不动摇地坚持打倒帝国主义，打倒封建主义，打倒官僚资本主义，在全国范围内推翻国民党的反动统治，在全国范围内建立无产阶级领导的以工农联盟为主体的人民民主专政的共和国"②。

在人民群众的支持和帮助下，经过辽沈战役、淮海战役、平津战役三场战略大决战后，国民党的主要军事力量基本被消灭。1949年4月，南京解放。10月1日，中华人民共和国宣布成立。中华民族实现了完全独立，帝国主义强加给中国的一切不平等条约以及外国人在中国的一切特权都被废除，中国实现了由几千年封建专制政治向人民民主的伟大飞跃，中国人民从此站起来了，中国共产党成为在全国执掌政权的政党，建设中国现代化的"先决条件"实现了，中国现代化道路的探索迎来新的发展时期。

总之，在新民主主义革命时期，我们党团结带领人民，浴血奋战、百折不挠，经过北伐战争、土地革命战争、抗日战争、解放战争，推翻帝国主义、封建主义、官僚资本主义三座大山，建立了人

①《毛泽东选集》第四卷，人民出版社1991年版，第1375页。
②《毛泽东选集》第四卷，人民出版社1991年版，第1375页。

民当家作主的中华人民共和国，实现了民族独立、人民解放，为实现现代化创造了根本社会条件。

第三节　在社会主义革命和建设时期的探索发展

新中国成立后，中国现代化运动取得重大进展，标志着我们党关于中国现代化的探索步入新的历史时期。在这一历史时期，面对新的国际思潮和国内外环境的复杂变化，我们党力图实现国家发展的独立自主，竭力探索一条非资本主义的社会主义现代化道路。然而，一个刚脱胎于半殖民地半封建社会且经历了几十年战争损毁的新生民族国家，要独立自主地探索社会主义现代化道路，这无疑是非常困难和艰巨的。我们党既缺乏可供借鉴的成功经验，又缺乏系统现成的社会主义现代化理论做指导，也没有丰厚的经济底子做基础。新中国成立至改革开放前，中国现代化建设是在曲折探索中前进的，既取得了一些成就，也在失误中积累了教训。2013年1月，习近平总书记在新进中央委员会的委员、候补委员学习贯彻党的十八大精神研讨班上指出："如果没有一九四九年建立新中国并进行社会主义革命和建设，积累了重要的思想、物质、制度条件，积累了正反两方面经验，改革开放也很难顺利推进。"[1]

---

[1]《十八大以来重要文献选编》上，中央文献出版社2014年版，第112页。

一、创造基本制度条件

在《新民主主义论》和《论联合政府》等文章中，毛泽东阐发了关于建立一个独立、自由、民主、统一和富强的新国家的设想，对如何建设新中国，提出了框架性纲领和指导性内容，为新中国成立后推进现代化建设提供了思想指导和方向指引。在《新民主主义论》中，毛泽东将中国革命划分为两个阶段：第一阶段，开展新民主主义革命，以实现民族解放和国家独立，从而为中国现代化建设创造根本的社会条件和政治前提。第二阶段，要进行社会主义革命，以变更经济的社会属性从而巩固无产阶级政权，为中国现代化发展铺垫制度条件。新中国的成立意味着第一阶段的目标基本实现，第二阶段的奋斗目标即实现由新民主主义向社会主义转变或过渡，历史性地摆在全党和全国人民面前。

开展土地改革，彻底消灭封建土地所有制，为中国现代化奠定社会前提和政治基础。早在新民主主义革命时期，毛泽东就深刻认识到土地问题在中国革命中的重要地位，强调"土地问题是中国革命的根本问题"[①]。因为土地问题直接关涉封建势力在中国进行剥削的制度基础，要彻底消灭大地主阶级，铲除封建势力，消除帝国主义在中国实施统治的依靠力量，就必须解决中国的土地问

[①]《建党以来重要文献选编（1921—1949）》第九册，中央文献出版社 2011 年版，第 514 页。

题，彻底消灭这些势力生存和依赖的基础。新民主主义革命以来，我们党陆续提出了"没收一切土地""没收公共土地及地主阶级土地""变封建的半封建的土地所有制为农民的土地所有制""废除封建性及半封建性剥削的土地制度，实行耕者有其田的土地制度"①，这些政策对解放农村生产力，取得新民主主义革命的胜利发挥了重要作用。

土地问题也是中国开展现代化建设必须处理和解决的一个重要问题。刘少奇在中国人民政治协商会议第一届全国委员会第二次会议上的报告中强调："没有一个彻底的土地改革，就不能实现新中国的工业化。"② 新中国成立后，我们党继续领导人民进行废除封建土地制度的改革。1950 年 6 月 30 日颁布的《中华人民共和国土地改革法》明确提出，要"废除地主阶级封建剥削的土地所有制，实行农民的土地所有制，借以解放农村生产力，发展农业生产，为新中国的工业化开辟道路"③。1950 年冬至 1952 年年底，我国顺利完成土地改革，消灭封建土地所有制。这是具有里程碑意义的伟大胜利，它彻底瓦解了封建主义在农村的根基，废除了封建主义和帝国主义的经济基础，使农民翻身成为土地的主人。这极大地激发了农民从事生产的热情，促进了农村生产力的进一步解放。

---

① 《建党以来重要文献选编（1921—1949）》第二十四册，中央文献出版社 2011 年版，第 417 页。
② 《建国以来刘少奇文稿》第二册，中央文献出版社 2005 年版，第 230 页。
③ 《建国以来重要文献选编》第一册，中央文献出版社 1992 年版，第 336 页。

改造个体农业、手工业和资本主义工商业，确立社会主义经济制度，为中国现代化建设铺设制度基础。1952 年土地改革基本完成，国家政权得到巩固，国民经济得到恢复和发展，对生产资料所有制进行社会主义改造有了良好条件。1953 年 6 月，毛泽东在中央政治局会议上对过渡时期的总路线和总任务作了比较完整的阐述，提出："为在一个相当长的时期内逐步实现国家的社会主义工业化，逐步实现国家对农业、对手工业和对私营工商业的社会主义改造而奋斗。"① "一体两翼"总路线中的"一体"，即其主体是要逐步实现国家的社会主义工业化，将我国从一个落后的农业国逐步发展成先进的工业国；"两翼"是逐步地改造个体农业，变个体私有制为社会主义集体所有制，改造手工业和资本主义工商业，变资本主义私有制为社会主义全民所有制。主体同两翼之间相互联系、相互促进。

实现社会主义工业化必然需要大量的资金，而社会主义性质决定了我们不会也不可能像西方资本主义国家那样，通过类似黑奴贸易、殖民掠夺、鸦片贸易、战争赔款等肮脏、血腥、暴力的方式来获得资金。但是，改变国家的经济状况，实现社会主义工业化又是我们党成为执政党后必须面对和解决的迫切问题。为了给工业化建设筹措资金，一方面开展厉行节约，节衣缩食，通过节流方式节省资金；另一方面对农业进行集体化改造，"使其由规模狭小的落后的

①《毛泽东文集》第六卷，人民出版社 1999 年版，第 316 页。

个体农业进到规模巨大的采用先进技术的农业，提高农业生产，保证有计划经济建设的需要，保证工业化事业的发展"[1]，加上国民经济内部特别是工业内部的生产与积累，国家工业化的战略目标得以顺利推进和实施。

从 1952 年下半年至 1956 年，仅用 4 年时间基本完成社会主义改造和社会主义革命，将生产资料由私有制转变为社会主义公有制。这在中国历史上是具有深远意义的伟大社会变革，不仅消灭了几千年来以生产资料私有制为基础的阶级剥削制度，还从根本上改变了我国社会的经济结构，使得社会主义经济成为国民经济的主导成分，社会主义基本制度在中国建立。这为中国现代化的发展奠定了非常重要的制度基础，使得社会主义制度中的诸多优势，如集中力量办大事的制度优势，有了生长根基和重要依托。在之后的中国现代化征程中，这些制度优势不断发挥作用，有力保证了中国现代化建设的顺利推进。

二、提出"四个现代化"目标

"四个现代化"奋斗目标的形成和提出经历了一个逐步发展的过程，这一过程反映了我们党对社会主义现代化认识的不断深化。早

---

[1] 当代中国研究所：《中华人民共和国史稿：第一卷（1949—1956）》，人民出版社、当代中国出版社 2012 年版，第 159 页。

在 1945 年 4 月，毛泽东在党的第七次全国代表大会上就明确指出，"中国工人阶级的任务，不但是为着建立新民主主义的国家而斗争，而且是为着中国的工业化和农业近代化而斗争"，"中国人民及其政府必须采取切实的步骤，在若干年内逐步地建立重工业和轻工业，使中国由农业国变为工业国"。① 这时虽然没有提出"现代化"的发展目标，不过"工业化""近代化""工业国"的发展目标的提法，展示了中国共产党人对建立强大的现代化国家的热切追求。刚刚成立的新中国，还是一个贫穷落后的农业国家，旧时的工业既落后又薄弱，即便经历恢复时期的发展，中国的现代工业对于巩固国防、实现国家富强还是远远不够的。正如毛泽东所指出的："没有工业，便没有巩固的国防，便没有人民的福利，便没有国家的富强。"② 我们党关于现代化的发展目标和社会实践，首先是从社会主义工业化开始的。

1951 年 12 月，毛泽东在审阅《中共中央关于实行精兵简政，增产节约，反对贪污、反对浪费和反对官僚主义的决定》稿时指出："从 1953 年起，我们就要进入大规模经济建设了，准备以二十年时间完成中国的工业化。完成工业化当然不只是重工业和国防工业，一切必要的轻工业都应建设起来。为了完成国家工业化，必须发展农业，并逐步完成农业社会化。但是首先重要并能带动轻

① 《毛泽东选集》第三卷，人民出版社 1991 年版，第 1081 页。
② 《毛泽东选集》第三卷，人民出版社 1991 年版，第 1080 页。

工业和农业向前发展的是建设重工业和国防工业。"①1952 年 2 月，毛泽东再次强调，"中国民族和人民要彻底解放，必须实现国家工业化"，社会主义革命和建设时期"国内外的敌人会千方百计地进行破坏和抵抗，我们还必须大力加强国防建设，巩固人民民主专政，巩固国防，来保障祖国的建设；而发展工农业生产，又是加强国防建设的物质基础"。②1953 年，毛泽东在修改过渡时期的总路线的表述时提出："要在一个相当长的时期内，逐步实现国家的社会主义工业化。"③1954 年，在第一届全国人民代表大会上，毛泽东郑重宣布在接下来的几个五年计划之内，要"将我们现在这样一个经济上文化上落后的国家，建设成为一个工业化的具有高度现代文化程度的伟大的国家"④。1959 年年底至 1960 年年初，毛泽东在阅读苏联《政治经济学教科书》时提出："建设社会主义，原来要求是工业现代化，农业现代化，科学文化现代化，现在要加上国防现代化。"⑤1960 年 3 月，毛泽东在会见尼泊尔首相时指出，我们"要安下心来，使我们可以建设我们国家现代化的工业、现代化的农业、现代化的科学文化和现代化的国防"⑥。

---

① 《毛泽东文集》第六卷，人民出版社 1999 年版，第 207 页。
② 《毛泽东文集》第六卷，人民出版社 1999 年版，第 223 页。
③ 《毛泽东文集》第六卷，人民出版社 1999 年版，第 316 页。
④ 《毛泽东文集》第六卷，人民出版社 1999 年版，第 350 页。
⑤ 《毛泽东文集》第八卷，人民出版社 1999 年版，第 116 页。
⑥ 《毛泽东文集》第八卷，人民出版社 1999 年版，第 162 页。

1964 年 12 月，周恩来代表国务院在第三届全国人大一次会议上作政府工作报告，第一次完整地提出实现"四个现代化"的奋斗目标，提出："今后发展国民经济的主要任务，总的说来，就是要在不太长的历史时期内，把我国建设成为一个具有现代农业、现代工业、现代国防和现代科学技术的社会主义强国，赶上和超过世界先进水平。"[①] 将"四个现代化"目标上升到社会主义建设的战略高度，为推进国家繁荣和社会进步事业提供了重要保障。

三、奠定现代化物质基础

发展工业化是实现国家富强必不可少的物质条件，也是实现社会主义现代化的必然要求。早在新民主主义革命时期，毛泽东就分析中国经济发展的实际情况、面临的根本问题以及解决这些问题的出路。在《中国革命和中国共产党》一文中，毛泽东深刻指出，帝国主义的殖民入侵及其同封建势力相互勾结，根本目的在于把中国变成他们的殖民地半殖民地，而要实现民族独立和国家富强就必须要推翻帝国主义、封建主义和官僚资本主义的三座大山，完成新民主主义革命，在巩固革命胜利果实的基础上，"必须采取切实的步骤，在若干年内逐步地建立重工业和轻工业，使中国由农业国变为

---

① 《周恩来选集》下卷，人民出版社 1984 年版，第 439 页。

工业国"①。1944 年，毛泽东指出："中国落后的原因，主要的是没有新式工业。日本帝国主义为什么敢于这样地欺负中国，就是因为中国没有强大的工业，它欺侮我们的落后。消灭这种落后，是我们全民族的任务。"②

新中国的成立特别是社会主义基本制度的确立，为社会主义工业化的发展提供了根本政治保障。中共中央在过渡时期的总路线和总任务中明确提出，要在一个相当长的时期内，逐步实现国家的社会主义工业化，并强调要采取积极的工业化政策，即优先发展重工业的政策。全面建设社会主义时期，我国工业化建设在曲折中发展。这一时期，我们在煤炭、钢铁、纺织、有色金属冶炼、发电等领域兴建了一大批工厂，我国的工业生产能力得到极大提高，一些机械工业产品的性能和质量甚至达到世界水平。在产业结构方面，我国逐步建立起具有相当规模的工业体系。

1954 年，毛泽东指出："现在我们能造什么？能造桌子椅子，能造茶碗茶壶，能种粮食，还能磨成面粉，还能造纸，但是，一辆汽车、一架飞机、一辆坦克、一辆拖拉机都不能造。"③经过发展，在机械制造方面，我国逐步形成了冶金、采矿、电站、石油化工等工业设备制造以及飞机、汽车、工程机械制造等十多个基本行业，逐

①《毛泽东选集》第三卷，人民出版社 1991 年版，第 1081 页。
②《毛泽东文集》第三卷，人民出版社 1996 年版，第 146 页。
③《毛泽东文集》第六卷，人民出版社 1999 年版，第 329 页。

步建立起门类比较齐全的机械制造体系，能够独立生产一些大型的机器设备。在航天工业、原子能工业和电子工业等领域，我国实现了从无到有、从小到大的发展，原子弹、氢弹、航天卫星等尖端科技的突破，为我国国家安全和现代化建设提供了重要保障。邓小平指出："如果六十年代以来中国没有原子弹、氢弹，没有发射卫星，中国就不能叫有重要影响的大国，就没有现在这样的国际地位。"①在社会主义建设时期，虽然我国工业化发展经历了一些曲折，但是这些探索实践及其取得的主要成就为中国现代化道路的发展提供了经验借鉴和物质基础。

四、积累现代化思想理论

在社会主义革命和建设时期，我们党关于中国现代化道路的探索，积累了正反两方面的经验和教训。一是从"以苏为师"到"以苏为鉴"的思想转变，使我们党深刻认识到独立自主和实事求是对于国家现代化建设的重要意义；二是"文化大革命"的严重错误，从反面让我们党认识到经济建设在国家发展中的重要性，这一切都为中国现代化道路的成功开辟奠定了思想基础。

---

①《邓小平文选》第三卷，人民出版社 1993 年版，第 279 页。

（一）从"以苏为师"到"以苏为鉴"

新中国刚刚成立时，由于受各种因素的影响，我国实行计划经济体制，但是我们对如何编制和执行计划缺乏经验，只能向苏联学习，第一个五年计划就是在苏联的帮助下编制的。"一五"计划的主要任务就是以苏联帮助中国设计的156个建设单位为中心，集中主要力量进行工业化建设。在新中国探索社会主义现代化建设过程中，苏联在思想、资金、技术等方面为我们提供了十分重要的帮助。可是随着合作的加深，苏联模式自身存在的弊端，特别是在经济建设方面存在的缺陷让我们党意识到，"以苏为师"并不能代替我们党独立自主地探索符合中国国情的现代化建设之路。对此，毛泽东明确表示："最近苏联方面暴露了他们在建设社会主义过程中的一些缺点和错误，他们走过的弯路，你还想走？过去我们就是鉴于他们的经验教训，少走了一些弯路，现在当然更要引以为戒。"[1]

在国际共运发展史和我国社会主义建设史上，1956年是不平凡的一年。就中国而言，第一个五年计划在这一年提前完成，我国国内生产总值、工业生产值、国民收入等都获得很大增长，社会主义现代化建设呈现良好景象，经济上发展较快，政治上较为民主，文化思想上比较活跃。国际上，1956年2月，苏共二十大召开，赫鲁晓夫在会上作了揭露斯大林的秘密报告，虽然"揭了盖子"，但也

---

[1]《毛泽东文集》第七卷，人民出版社1999年版，第23页。

"捅了娄子"。1956年6月和10月，相继发生了波兰事件和匈牙利事件，国际形势发生了很大变化。在这种情况下，中国到底应该如何建设社会主义成了一个值得思考的历史课题。在深刻总结我国社会主义建设初期经验教训，对比苏联模式以及其他社会主义国家经验教训的基础上，毛泽东果断地提出，要探索自己的社会主义建设道路的任务，并围绕这一历史性课题，回答了历史和现实的、国际和国内的一些重大问题，从而为走自己的社会主义建设道路提出一系列思想理论。

（二）提出建设社会主义的重要思想

根据"一五"计划实施的经验和苏共二十大暴露出的问题和错误，以毛泽东同志为主要代表的中国共产党人决定"以苏为鉴"，走符合中国国情的社会主义发展之路。"毛泽东同志对适合中国情况的社会主义建设道路进行了艰苦探索。他以苏联的经验教训为鉴戒，提出要创造新的理论、写出新的著作，把马克思列宁主义基本原理同中国实际进行'第二次结合'，找出在中国进行社会主义革命和建设的正确道路，制定把我国建设成为一个强大的社会主义国家的战略思想。"[①]

在探索"第二次结合"的过程中，我们党付出极大代价才获得一些思想理论上的积极成果，这些思想对于中国现代化道路的开辟

---

① 习近平：《在纪念毛泽东同志诞辰120周年座谈会上的讲话》，人民出版社2013年版，第7页。

具有重要的指导意义。这些思想成果主要包括：

第一，提出中国的社会主义发展阶段论，即将社会主义划分为不发达的社会主义和比较发达的社会主义，两个阶段之间的过渡需要很长时间。

第二，提出中国式社会主义工业化道路理论。主要有正确处理重工业、轻工业和农业的关系，以农、轻、重为序发展国民经济。在优先发展重工业的条件下，坚持工业和农业并举、重工业和轻工业并举、中央工业和地方工业并举、大中小企业并举、洋法生产和土法生产并举、沿海工业和内地工业并举、经济建设与国防建设并举等"两条腿"走路的方针。正确解决好综合平衡的问题，处理好积累和消费、生产和生活的问题，处理好国家、集体和个人的关系，统筹兼顾，适当安排。

第三，提出社会主义经济建设要大力发展商品生产、商品交换，要尊重和发挥价值规律的作用，要有综合平衡发展的思想。

第四，提出社会主义民主政治建设的目标就是要形成"又有集中又有民主，又有纪律又有自由，又有统一意志、又有个人心情舒畅、生动活泼，那样一种政治局面"[1]。为此，必须把正确处理人民内部矛盾作为国家政治生活的主题，坚持人民民主，尽可能团结一切可以团结的力量，处理好中国共产党同各民主党派的关系，坚持

---

[1]《建国以来重要文献选编》第十册，中央文献出版社1997年版，第429页。

长期共存、互相监督的方针，巩固和扩大爱国统一战线，切实保障人民当家作主的各项权利，让人民参与国家和社会事务的管理，社会主义法治要保护劳动人民利益，保护社会主义经济基础，保护社会生产力。

第五，提出社会主义文化建设必须坚持马克思主义指导地位，实行"百花齐放、百家争鸣"的方针。对古今中外的优秀文化实行古为今用、洋为中用、推陈出新的方针。思想政治工作是经济工作和其他一切工作的生命线，要实行政治和经济的统一、政治和技术的统一、又红又专的方针。强调知识分子在革命和建设中具有重要作用，要建设一支庞大的工人阶级知识分子队伍。要向科学进军，不能走世界各国发展科学技术的老路，而应独立自主、自力更生、奋发图强，努力赶超世界先进水平。

第六，提出在执政条件下努力加强共产党自身建设。要警惕帝国主义"和平演变"战略的危险，并与这种危险作坚决斗争。要警惕党在执政以后可能产生的诸如官僚主义的种种消极现象。共产党员必须坚持共产主义远大理想，务必继续地保持谦虚、谨慎、不骄不躁的作风，务必继续地保持艰苦奋斗的作风。各级领导干部必须自觉地运用人民赋予的权力为人民服务，依靠人民群众行使这个权力，并接受人民群众的监督。必须以普通劳动者的姿态出现，平等待人。必须防止在共产党内、在干部队伍中形成特权阶层、贵族阶层，坚决反对党内和干部队伍中的腐败现象。必须切实解决培养无产阶级的革命接班人的问题。

第七，提出"三个世界"划分理论，为我国更好地开展外交工作提供理论依据。第一世界，是指美国和苏联两个具有最强的军事和经济力量，在世界范围内推行霸权主义的超级大国。第三世界，是指亚洲（除了日本）、非洲、拉丁美洲和其他地区的发展中国家。第二世界，是指处于这两者之间的发达国家。超级大国之间争夺世界霸权地位是世界局势动荡不安的主要根源，第三世界是反对帝国主义、殖民主义、霸权主义的主要力量。这一战略思想对中国加强同第三世界国家的团结，加强在世界政治格局中的国际地位，争取第二世界国家共同反霸，发展对外关系，具有重要的指导意义。[①]

（三）社会主义现代化在曲折探索中积累教训

通过对苏联模式的认识与反思，我们党在社会主义建设理论探索方面取得许多有益思想，但是探索中国现代化道路也曾经走入误区。1967 年 11 月 6 日发表的《沿着十月社会主义革命开辟的道路前进》提出"无产阶级专政下继续革命的理论"。党的九大将这一理论写入了党章，并将其正式确定为"党在整个社会主义历史阶段的基本路线"。"无产阶级专政下继续革命"的理论、路线、方针和政策违背了马克思主义基本理论，脱离了毛泽东思想的正常轨道，给党和国家造成了严重的混乱，使得中国现代化探索遭遇全局性的严

---

① 贺新元：《中国道路：不一样的现代化道路》，福建人民出版社 2014 年版，第 67-70 页。

重错误。"文化大革命"使得国家经济、政治、文化思想和社会生活各方面都遭受严重损失，党和国家事业经历重大挫折。

列宁在《伟大的创举》中曾说过这样一段话："如果从实质上来观察问题，难道历史上有一种新生产方式是不经过许许多多的失败、错误和反复而一下子就确立起来的吗？"[①] 历史的发展总是沿着蜿蜒曲折的道路向前，而历史的损失往往也会从历史的进步中得到补偿。邓小平指出："我们实行改革开放政策，大家意见都是一致的，这一点要归'功'于十年'文化大革命'，这个灾难的教训太深刻了。"[②] "没有'文化大革命'的教训，就不可能制定十一届三中全会以来的思想、政治、组织路线和一系列政策。"[③] 我们党在前进道路上所遭遇的挫折与失误，从反面为开辟中国现代化道路提供了镜鉴，启示着我们必须从社会主义初级阶段的基本国情出发来进行社会主义建设，必须正确认识社会主义的本质，必须按照客观经济规律办事，生产关系的变革必须适合生产力水平，必须正确理解和对待马列主义，必须正确看待资本主义及其创造的文明成果，必须建立健全党和国家的民主制度，切实消除任何形式的个人崇拜和个人专断。[④]

总之，新中国成立后，我们党团结带领人民进行社会主义革命

---

① 《列宁全集》第三十七卷，人民出版社 2017 年版，第 19 页。
② 《邓小平文选》第三卷，人民出版社 1993 年版，第 265 页。
③ 《邓小平文选》第三卷，人民出版社 1993 年版，第 272 页。
④ 贺新元：《中国道路：不一样的现代化道路》，福建人民出版社 2014 年版，第 77 页。

和建设，消灭在中国延续几千年的封建制度，确立社会主义基本制度，实现了中华民族有史以来最为广泛而深刻的社会变革，建立起独立的比较完整的工业体系和国民经济体系，社会主义革命和建设取得独创性理论成果和巨大成就，为现代化建设奠定根本政治前提和宝贵经验、理论准备、物质基础。

第四节　在改革开放和社会主义现代化建设新时期的成功开创

恩格斯在给约瑟夫·布洛赫致信中写道："我们自己创造着我们的历史，但是第一，我们是在十分确定的前提和条件下创造的。其中经济的前提和条件归根到底是决定性的。但是政治等等的前提和条件，甚至那些萦回于人们头脑中的传统，也起着一定的作用，虽然不是决定性的作用。"[1] 新民主主义革命、社会主义革命和建设时期的不懈探索为中国式现代化的成功开创奠定了思想物质基础。1978 年 12 月召开的党的十一届三中全会，标志着我们党关于中国式现代化的探索迈进了一个新的阶段，以邓小平同志为核心的党的第二代中央领导集体团结带领全国人民在新的历史条件下探索中国走向现代化的道路。

---

[1]《马克思恩格斯选集》第四卷，人民出版社 2012 年版，第 604-605 页。

一、邓小平理论与中国式现代化

首次提出"中国式的现代化"概念，并将现代化建设摆在国家工作的中心位置。"中国式的现代化"这一概念是在改革开放和社会主义现代化建设时期正式提出的。1979 年 3 月，邓小平在会见外宾时指出："我们定的目标是在本世纪末实现四个现代化。我们的概念与西方不同，我姑且用个新说法，叫做中国式的四个现代化。现在我们的技术水平还是你们五十年代的水平。如果本世纪末能达到你们七十年代的水平，那就很了不起。就是达到这个水平，也还要做许多努力。由于缺乏经验，实现四个现代化可能比想象的还要困难些。"[①] 两天后，邓小平在中央政治局会议上进一步把"中国式的四个现代化"归纳为"中国式的现代化"，指出："我同外国人谈话，用了一个新名词：中国式的现代化。到本世纪末，我们大概只能达到发达国家七十年代的水平，人均收入不可能很高。"[②] 在党的理论工作务虚会上，邓小平明确指出："我们当前以及今后相当长一个历史时期的主要任务是什么？一句话，就是搞现代化建设。能否实现四个现代化，决定着我们国家的命运、民族的命运。在中国的现实条件下，搞好社会主义的四个现代化，就是坚持马克思主义，就

---

① 《邓小平年谱（一九七五——一九九七）》上卷，中央文献出版社 2004 年版，第 496 页。
② 《邓小平年谱（一九七五——一九九七）》上卷，中央文献出版社 2004 年版，第 497 页。

是高举毛泽东思想的伟大旗帜。"①10月，邓小平指出："我们开了大口，本世纪末实现四个现代化。后来改了个口，叫中国式的现代化，就是把标准放低一点。特别是国民生产总值，按人口平均来说不会很高。"②在中国文艺工作者代表大会上，邓小平指出："同心同德地实现四个现代化，是今后一个相当长的时期内全国人民压倒一切的中心任务，是决定祖国命运的千秋大业。各条战线上的群众和干部，都要做……实现四个现代化的促进派。"③11月，邓小平在会见美国和加拿大客人时再次强调："就我们国内来说，什么是中国最大的政治？四个现代化就是中国最大的政治。"④12月，邓小平提出："我们要实现的四个现代化，是中国式的四个现代化。我们的四个现代化的概念，不是像你们那样的现代化的概念，而是'小康之家'。到本世纪末，中国的四个现代化即使达到了某种目标，我们的国民生产总值人均水平也还是很低的。"⑤1980年2月，邓小平在党的十一届五中全会上指出："我们党在现阶段的政治路线，概括地说，就是一心一意地搞四个现代化。"⑥

提出社会主义初级阶段理论，明确中国式现代化发展的现实基点。党的十一届六中全会对社会主要矛盾作出重新判断和精准表述，

①《邓小平文选》第二卷，人民出版社1994年版，第162页。
②《邓小平文选》第二卷，人民出版社1994年版，第194页。
③《邓小平文选》第二卷，人民出版社1994年版，第208页。
④《邓小平文选》第二卷，人民出版社1994年版，第234页。
⑤《邓小平文选》第二卷，人民出版社1994年版，第237页。
⑥《邓小平文选》第二卷，人民出版社1994年版，第276页。

指出"社会主义改造完成以后，我国所要解决的主要矛盾是人民日益增长的物质文化需要同落后的社会生产之间的矛盾"。在逐步解决这一主要矛盾的过程中，中国社会主义到底处在一个怎么样的历史发展阶段？这一重大理论问题时刻在中国共产党人的脑海里闪烁。如果这一重大理论问题解决不了，那正确的路线和政策的制定就缺乏根本依据。经过一番探索，邓小平提出社会主义初级阶段论。社会主义初级阶段"不是泛指任何国家进入社会主义都会经历的起始阶段，而是特指我国在生产力落后、商品经济不发达条件下建设社会主义必然要经历的特定阶段"[1]，"这个阶段，既不同于社会主义经济基础尚未奠定的过渡时期，又不同于已经实现社会主义现代化的阶段"[2]。也就是说，从"生产资料私有制的社会主义改造基本完成，到社会主义现代化的基本实现，至少需要上百年时间，都属于社会主义初级阶段"[3]。社会主义初级阶段是一个具有中国原创性的特定内涵的标识性概念，是从理论上在对苏联社会主义建设和中国社会主义建设中出现的曲折发展带来的经验教训的深刻反思的思想成果，是我国长期以来制定和执行路线方针政策的最大国情和最大实际。正是基于科学认识和正确把握住社会主义初级阶段这一"底色"，我们才得以制定出符合中国实际的执政方略和执政政策以及路

---

① 《改革开放三十年重要文献选编》上，中央文献出版社 2008 年版，第 475 页。
② 《改革开放三十年重要文献选编》上，中央文献出版社 2008 年版，第 476 页。
③ 《改革开放三十年重要文献选编》上，中央文献出版社 2008 年版，第 476 页。

线方针，并成功地开辟出中国式现代化。

提出"三步走"战略，初步规划了中国式现代化的路线图。1982年党的十二大明确提出建设有中国特色的社会主义的重大命题和"小康"战略目标，改革开放由此全面展开，社会主义现代化建设打开新的局面。大会提出，20世纪末我国发展战略目标以及实现目标的"两步走"战略步骤。1987年10月，党的十三大提出了"三步走"战略，即：第一步，实现国民生产总值比1980年翻一番，解决人民的温饱问题；第二步，到20世纪末使国民生产总值再增长一倍，人民生活达到小康水平；第三步，到21世纪中叶，人均国民生产总值达到中等发达国家水平，人民比较富裕，基本实现现代化。

1992年，邓小平在南方谈话中进一步科学总结了党的十一届三中全会以来党的基本实践经验，鲜明地回答了困扰和束缚人们思想的许多重大思想理论问题。南方谈话是对社会主义认识的新飞跃，是科学社会主义理论的新发展。在南方谈话精神的指导下，党的十四大报告从更宽广的视野和更高的理论层次，从几个方面对邓小平建设有中国特色社会主义理论进一步作出科学概括。

第一，在社会主义发展道路问题上，强调走自己的路，不把书本当教条，不照搬外国模式，以马克思主义为指导，以实践作为检验真理的唯一标准，解放思想、实事求是，尊重群众的首创精神，建设有中国特色的社会主义。

第二，在社会主义根本任务问题上，指出社会主义的本质是解放生产力，发展生产力，消灭剥削，消除两极分化，最终达到共同富裕。强调现阶段我国社会的主要矛盾是人民日益增长的物质文化需要同落后的社会生产之间的矛盾，必须把发展生产力摆在首要位置，以经济建设为中心，推动社会全面进步。判断各方面工作的是非得失，归根到底，要以是否有利于发展社会主义社会的生产力，是否有利于增强社会主义国家的综合国力，是否有利于提高人民的生活水平为标准。提出科学技术是第一生产力，经济建设必须依靠科技进步和劳动者素质的提高。

第三，在社会主义发展动力问题上，强调改革也是一场革命，也是解放生产力，是中国式现代化的必由之路，僵化停滞是没有出路的。经济体制改革的目标，是在坚持公有制和按劳分配为主体、其他经济成分和分配方式为补充的基础上，建立和完善社会主义市场经济体制。政治体制改革的目标是以完善人民代表大会制度、共产党领导的多党合作和政治协商制度为主要内容，发展社会主义民主政治。为同经济、政治的改革和发展相适应，提出以"有理想、有道德、有文化、有纪律"为目标，建设社会主义精神文明。

第四，在社会主义建设的外部条件问题上，指出和平与发展是当代世界两大主题，必须坚持独立自主的和平外交政策，为我国现代化建设争取有利的国际环境。强调实行对外开放是改革和建设必不可少的，应当吸收和利用世界各国包括资本主义发达国家所创造的一切先进文明成果来发展社会主义，封闭只能导致落后。

第五，在社会主义建设的政治保证问题上，强调坚持社会主义道路、坚持人民民主专政、坚持中国共产党的领导、坚持马克思列宁主义毛泽东思想。这四项基本原则是立国之本，是改革开放和现代化建设健康发展的保证。

第六，在社会主义建设的战略步骤问题上，提出基本实现现代化分三步走。在现代化建设的过程中要抓住时机，争取出现若干个发展速度比较快、效益又比较好的阶段，每隔几年上一个台阶。贫穷不是社会主义，同步富裕又是不可能的，必须允许和鼓励一部分地区一部分人先富起来，以带动越来越多的地区和人们逐步达到共同富裕。

第七，在社会主义的领导力量和依靠力量问题上，强调作为工人阶级先锋队的共产党是社会主义事业的领导核心，党必须适应改革开放和现代化建设的需要，不断改善和加强对各方面工作的领导，改善和加强自身建设。执政党的党风、党同人民群众的联系是关系党生死存亡的问题。必须依靠广大工人、农民、知识分子，必须依靠各民族人民的团结，必须依靠全体社会主义劳动者、拥护社会主义的爱国者和拥护祖国统一的爱国者的最广泛的统一战线。党领导的人民军队是社会主义祖国的保卫者和建设社会主义的重要力量。

第八，在祖国统一的问题上，提出"一个国家、两种制度"的创造性构想。在一个中国的前提下，国家的主体坚持社会主义制度，香港、澳门、台湾保持原有的资本主义制度长期不变，按照这个原则来推进祖国和平统一大业的完成。

二、"三个代表"重要思想与中国式现代化

正式把社会主义市场经济体制作为我国经济体制改革的根本目标。1992年4月30日，江泽民在中央政治局常委会上提出，党的十四大在计划与市场的关系上要前进一步，这是关系改革开放和现代化建设全局的一个重大问题。1993年11月14日，党的十四届三中全会通过《中共中央关于建立社会主义市场经济体制若干问题的决定》（以下简称《决定》），勾勒了社会主义市场经济体制建设的总体规划图，指出社会主义市场经济体制是同社会主义基本制度结合在一起的；建立社会主义市场经济体制就是要使市场在国家宏观调控下对资源配置起基础性作用；为实现这个目标必须坚持以公有制为主体、多种经济成分共同发展的方针，并从以下五个主要环节着手，构建社会主义市场经济体制的基本框架。第一，建立适应市场经济要求，产权清晰、权责明确、政企分开、管理科学的现代企业制度；第二，建立全国统一开放的市场体系，促进资源的优化配置；第三，转变政府管理经济的职能，建立以间接手段为主的完善的宏观调控体系；第四，建立以按劳分配为主体，效率优先、兼顾公平的收入分配制度；第五，建立多层次的社会保障制度，为城乡

居民提供同我国国情相适应的社会保障。同时，要深化农村经济体制、对外经济体制改革，进行科技体制和教育体制的改革和扩大对外开放。《决定》是中国在 20 世纪 90 年代进行经济体制改革的行动纲领，是继 1984 年 10 月 20 日党的十二届三中全会通过的《中共中央关于经济体制改革的决定》之后第二个指导中国经济体制改革的纲领性文件。

形成新的"三步走"发展战略。以江泽民同志为核心的党的第三代中央领导集体根据现实要求及时对"第三步"发展目标和步骤进一步具体规划，作出新的战略部署，提出"新三步走"发展战略。江泽民在党的十五大报告中指出："展望下世纪，我们的目标是，第一个十年实现国民生产总值比 2000 年翻一番，使人民的小康生活更加宽裕，形成比较完善的社会主义市场经济体制；再经过十年的努力，到建党一百年时，使国民经济更加发展，各项制度更加完善；到世纪中叶建国一百年时，基本实现现代化，建成富强民主文明的社会主义国家。"[1] "新三步走"发展战略在党的十六大报告中被再次明确与重申，提出："我们要在本世纪头二十年，集中力量，全面建设惠及十几亿人口的更高水平的小康社会，使经济更加发展、民主更加健全、科教更加进步、文化更加繁荣、社会更加和谐、人民生活更加殷实。"[2]

---

[1]《江泽民文选》第二卷，人民出版社 2006 年版，第 4 页。
[2]《江泽民文选》第三卷，人民出版社 2006 年版，第 543 页。

提出正确处理社会主义现代化建设的十二大关系。1995 年 9 月 28 日，江泽民在党的十四届五中全会闭幕时作了题为《正确处理社会主义现代化建设中的若干重大关系》的讲话。在讲话中，江泽民针对社会主义市场经济条件下进行现代化建设所遇到的涉及全局的新矛盾和新问题，提出要正确处理 12 条带有全局性的重大关系，即改革、发展、稳定的关系；速度和效益的关系；经济建设和人口、资源、环境的关系；第一、二、三产业的关系；东部地区和中西部地区的关系；市场机制和宏观调控的关系；公有制经济和其他经济成分的关系；收入分配中国家、企业和个人的关系；扩大对外开放和坚持自力更生的关系；中央和地方的关系；国防建设和经济建设的关系；物质文明建设和精神文明建设的关系。

提出可持续发展战略，开创生产发展、生活富裕、生态良好的文明发展道路。中国在成为"世界工厂"的过程中，在很大程度上重复着西方工业化过程中那种"高生产、高消费、高污染"的传统发展模式。改革开放不到 20 年，我国的生态环境问题就已经凸显，资源枯竭速度不断加快，资源与环境越来越成为中国进一步发展的瓶颈。1996 年 7 月 16 日，江泽民在第四次全国环境保护会议上指出："经济发展，必须与人口、资源、环境统筹考虑，不仅要安排好当前的发展，还要为子孙后代着想，为未来的发展创造更好的条件，决不能走浪费资源和先污染后治理的路子，更不能吃祖宗饭、断子孙路。"① 在中央人口资源环境工作座谈会上，江泽民再次强调："为了中华民族的子孙后代始终拥有生存和发展的良好条件，我们一定要高度重视并切实解决经济增长方式转变的问题，按照可持续发展的要求，正确处理经济发展同人口、资源、环境的关系，促进人和自然的协调与和谐，努力开创生产发展、生活富裕、生态良好的文明发展道路。"②

提出西部大开发战略。西部大开发总的战略目标是经过几代人的努力，到21世纪中叶全国基本实现现代化时，从根本上改变西部地区相对落后的面貌，努力建成一个山川秀美、经济繁荣、社会进步、民族团结、人民富裕的新西部。从总战略目标来看，西部大开发战略不是十年的任务，而是中国社会主义现代化战略不可或缺的重要组成部分。它不仅是一个解决区域发展的问题，还是一个实现社会主义原则的问题，更是一个关涉整个国家安全与稳定以及可持续发展的问题。中央从这个高度对实现西部大开发总的战略目标进行长远规划，即三个阶段：第一，奠定基础阶段（2001—2010年）。重点是调整结构，搞好基础建设，建立和完善市场体制，培育特色产业增长点。第二，加速发展阶段（2010—2030年）。重点是巩固提高基础，培育特色产业，实施经济产业化、市场化、生态化和专业区域布局升级。第三，全面推进现代化阶段（2031—2050年）。

①《江泽民文选》第一卷，人民出版社2006年版，第532页。
②《江泽民文选》第三卷，人民出版社2006年版，第462页。

在一部分率先发展地区增强实力，融入国内国际现代化经济体系自我发展的基础上，着力加快边远山区、落后农牧区开发，普遍提高西部人民的生产、生活水平，全面缩小差距。

提出"依法治国与以德治国结合起来"。一个国家的治理，既要有柔的道德约束，也要有刚的法律制裁，刚柔并济，才能达到一种良治。这一刚柔并济的治国方略不是同步的，其提出顺序是先刚后柔。第一步，要坚持不懈地加强社会主义法制建设，依法治国。第二步，要坚持不懈地加强社会主义道德建设，以德治国。第三步，要"把依法治国与以德治国紧密结合起来"。2001年1月，江泽民在全国宣传部长会议上明确提出"把依法治国与以德治国紧密结合起来"的治国方略，指出："我们在建设有中国特色社会主义、发展社会主义市场经济的过程中，要坚持不懈地加强社会主义法制建设，依法治国；同时也要坚持不懈地加强社会主义道德建设，以德治国。对一个国家的治理来说，法治和德治，从来都是相辅相成、相互促进的。二者缺一不可，也不可偏废。法治属于政治建设、属于政治文明，德治属于思想建设、属于精神文明。二者范畴不同，但其地位和功能都是非常重要的。"[1]

---

[1]《江泽民文选》第三卷，人民出版社2006年版，第200页。

三、科学发展观与中国式现代化

构建社会主义和谐社会，拓展中国特色社会主义总体布局内涵。进入 21 世纪，中国一方面迎来"黄金发展期"，另一方面却遭遇"矛盾凸显期"。如何在利用"黄金发展期"发展好自己的过程中处理好各种矛盾，使社会更加和谐，是推进党和国家事业必须解决的重要问题。党的十六大首先把"社会更加和谐"作为一个重要目标任务向全党全国人民提出。2004 年 9 月，党的十六届四中全会正式提出"构建社会主义和谐社会"的概念，并将其作为我们党的执政目标。这是在党的文件中第一次把"和谐社会建设"放到同经济建设、政治建设、文化建设并列的重要位置，从而使中国特色社会主义奋斗目标由建设社会主义市场经济、社会主义民主政治和社会主义先进文化的"三位一体"总体布局拓展为包括"社会主义和谐社会建设"在内的"四位一体"的总体布局。由"三位一体"到"四位一体"体现了建设富强民主文明和谐的社会主义现代化国家的内在要求。2006 年 10 月，党的十六届六中全会审议通过的《关于构建社会主义和谐社会若干重大问题的决定》，全面深刻地阐明中国特色社会主义和谐社会的性质和定位、指导思想、目标任务、工作原则和重大部署。为了和谐社会目标的实现，中央大力实施西部大开发、振兴东北老工业基地和中部崛起等战略以加快中西部地区发展，缩小地区差距，并推出一系列解决"三农"问题的政策举措，建设社会主义新农村，加快推进新型工业化建设等。

社会主义新农村建设，是夯实中国特色社会主义现代化的基石。没有农村的小康，就不可能有全面小康；没有农村的现代化，也就没有全中国的现代化。农村问题以及附着在农村问题上的农民和农业问题，是推进中国特色社会主义事业过程中非常重要的问题。如果这个问题解决不好或解决不了，中国现代化"第三步"发展战略就难以实现。"建设社会主义新农村"不是一个新概念，早在20世纪50年代就曾提出过。1984年中央1号文件、1987年中央5号文件和1991年中央21号文件（即党的十三届八中全会《中共中央关于全面深化改革若干重大问题的决定》）都出现过这一提法。随着改革发展的持续推进，"三农"问题逐渐严重到非解决不可的地步。2005年，党的十六届五中全会郑重提出"社会主义新农村建设"，提出"建设社会主义新农村是我国现代化进程中的重大历史任务"。[①] 全国各地非常重视，按照"生产发展、生活宽裕、乡风文明、村容整洁、管理民主"的要求，千方百计增加农民收入，对农业实行"多予、少取、放活"，不断加大财政支农力度，积极推动新型农村合作医疗制度和新型农村社会养老保险制度改革。2005年12月，十届全国人大常委会第十九次会议决定，自2006年1月1日起废止《中华人民共和国农业税条例》，全国全面取消农业税，9亿

---

① 《十六大以来重要文献选编》中，中央文献出版社2006年版，第1066页。

中国农民彻底告别了持续上千年的缴纳农业税的历史。从此，中国农村建设翻开新的一页。党的十七届三中全会通过的《关于推进农村改革发展若干重大问题的决定》，有力促进了"三农"工作，巩固和加强了农业的基础地位，推进了社会主义新农村建设。经过努力，中国农村社会发生了历史性变化。农民收入大幅度提高，农村基础设施不断完善，农村的公路建设、饮水安全、危房改造有了快速发展和较大改善，农村社会保障制度基本建立，几千年来中国农民"老有所养""病有所医""困有所济"的愿望正在实现。

建设和谐世界，为中国式现代化建设营造良好的国际环境，展示出中国式现代化道路是一条和平发展的道路。世界主题依然是和平与发展，但和平问题和发展问题一个都没有解决好。对待中国的快速发展，西方始终心存警惕，打出形形色色的"中国威胁论"。有些国家固守冷战思维，甚至不怀好意，肆意挑唆中国周边国家发难于中国，在中国周边构筑包围圈以遏制和西化分化中国。2005年4月，胡锦涛在雅加达亚非峰会上指出，亚非国家应"推动不同文明友好相处、平等对话、发展繁荣，共同构建一个和谐世界"①。同年7月，"和谐的世界"被写入《中俄关于21世纪国际秩序的联合声明》，这是"和谐世界"第一次被确认为国与国之间的共识，标志着这一全新理念逐渐进入国际社会的视野。在联合国成立60周年首脑

---

① 《十六大以来重要文献选编》中，中央文献出版社2006年版，第851页。

会议上，胡锦涛全面阐述了"和谐世界"的深刻内涵：文明多样性是人类社会的基本特征，也是人类文明进步的重要动力。在人类历史上，各种文明都以自己的方式为人类文明进步作出了积极贡献。存在差异，各种文明才能相互借鉴、共同提高；强求一律，只会导致人类文明失去动力、僵化衰落。各种文明有历史长短之分，无高低优劣之别。历史文化、社会制度和发展模式的差异不应成为各国交流的障碍，更不应成为相互对抗的理由。我们应该尊重各国自主选择社会制度和发展道路的权利，相互借鉴而不是刻意排斥，取长补短而不是定于一尊，推动各国根据本国国情实现振兴和发展；应该加强不同文明的对话和交流，在竞争比较中取长补短，在求同存异中共同发展，努力消除相互的疑虑和隔阂，使人类更加和睦，让世界更加丰富多彩；应该以平等开放的精神，维护文明的多样性，促进国际关系民主化，协力构建各种文明兼容并蓄的和谐世界。

形成国家区域发展总体战略框架。邓小平的"两个大局"思想体现了国家层面的区域发展的总体战略。这一总体战略对应的是实现现代化"三步走"发展战略。从 20 世纪 70 年代末到党的十八大之前，国家区域发展总体战略框架基本完成。回看历史，框架形成来之不易。20 世纪 70 年代末开始，设经济特区，重点发展东部沿海，打造珠江三角洲；80 年代末开始，倾力打造长江三角洲；90 年代中开始，重点建设京津唐及珠海三角地带；90 年代末开始，实施西部大开发；2003 年，提出振兴东北老工业基地；2004 年，提出

"中部崛起"；2010 年，新的十年西部大开发吹响号角。至此，从东到西、从北至南、兼顾中部的国家区域发展总体战略框架基本完成。从体制机制的统合上看，以上各具体战略在实施中建立健全市场机制、合作机制、互助机制、扶持机制，形成了南中北、东中西相互促进、优势互补、共同发展的全新格局，实现中华民族伟大复兴的中国梦布下了科学的发展格局。

推动社会主义文化大发展大繁荣，建设社会主义文化强国，夯实中国式现代化的文化支撑。进入 21 世纪，各种思想文化交流交融交锋更加频繁，文化在综合国力竞争中的地位和作用更加凸显，维护国家文化安全任务更加艰巨，增强国家文化软实力、中华文化国际影响力的要求更加紧迫。我们党提出科学发展观，从发展模式上进行反思，不断加强文化建设，提高文化自觉、文化自信。2007 年6 月 25 日，胡锦涛在中央党校省部级干部进修班上强调，要大力建设社会主义核心价值体系，巩固全党全国人民团结奋斗的共同思想基础。党的十七大首次将"建设社会主义核心价值体系"写入党的报告中，并提出要"推动社会主义文化大发展大繁荣"。党的十七届六中全会通过的《中共中央关于深化文化体制改革推动社会主义文化大发展大繁荣若干重大问题的决定》提出建设"文化强国"长远战略。党的十六大以来，我国文化建设成就斐然。理论武装工作卓有成效，马克思主义理论研究和建设工程成果丰硕，哲学社会科学繁荣发展；思想道德建设扎实推进，群众性精神文明创建不断深化；

文化体制改革取得重大进展，覆盖城乡的公共文化服务体系框架基本建立，国有经营性文化单位转企改制取得显著成效，文化产业规模实力不断壮大，文化宏观管理体制进一步完善，中华文化"走出去"模式得以创新。

总之，改革开放和社会主义现代化建设新时期，我们党作出把党和国家工作中心转移到经济建设上来、实行改革开放的历史性决策，大力推进实践基础上的理论创新、制度创新、文化创新以及其他各方面创新，实行社会主义市场经济体制，实现了从生产力相对落后的状况到经济总量跃居世界第二的历史性突破，实现了人民生活从温饱不足到总体小康、奔向全面小康的历史性跨越，为中国式现代化提供了充满新的活力的体制保证和快速发展的物质条件。

第五节　在新时代的成功推进和拓展

党的十八大以来，面对国内外环境的深刻复杂变化，以习近平同志为核心的党中央深刻把握历史大势，在回答时代之问、人民之问、历史之问、世界之问的过程中拓展和深化了中国式现代化。2021 年 7 月，习近平总书记在庆祝中国共产党成立 100 周年大会上指出："我们坚持和发展中国特色社会主义，推动物质文明、政治文明、精神文明、社会文明、生态文明协调发展，创造了中国式现代化新道路，创造了人类文明新形态。"① 在党的十九届六中全会上，习近平总书记再次强调："党领导人民成功走出中国式现代化道路，创造了人类文明新形态。"② 2022 年 11 月，万众瞩目的中国共产党第二十次全国代表大会在北京胜利召开，这是一场全党全国各族人民迈上全面建设社会主义现代化国家新征程、向第二个百年奋斗目标进军的关键时刻召开的十分重要的大会，在中国现代化事业中具有承前启后、继往开来的重要地位。习近平总书记在党的二十大报告中指出："在新中国成立特别是改革开放以来长期探索和实践基础上，经过十八大以来在理论和实践上的创新突破，我们党成功推进和拓展了中国式现代化。"③ 党的二十大报告是新征程上我们党团结带领中国人民全面建设社会主义现代化强国的政治宣言和行动纲领，对新征程上发展和推进中国式现代化的根本指导思想、使命任务、首要任务、战略支撑、应有之义、法治保障、精神力量、本质要求、内在要求、根基前提、必然要求、关键要素等作了阐释和论述，开启了全面建设社会主义现代化强国新的篇章。

---

① 习近平：《在庆祝中国共产党成立 100 周年大会上的讲话》，人民出版社 2021 年版，第 13 页。
②《中共中央关于党的百年奋斗重大成就和历史经验的决议》，人民出版社 2021 年版，第 64 页。
③ 习近平：《高举中国特色社会主义伟大旗帜 为全面建设社会主义现代化国家而团结奋斗——在中国共产党第二十次全国代表大会上的讲话》，人民出版社 2022 年版，第 22 页。

一、深化对中国式现代化的规律性认识

明确现代化发展的领导力量。中国共产党领导是中国特色社会主义最本质的特征，是中国式现代化顺利推进的根本政治保证。社会主义是中国式现代化的本质属性，这是与西方现代化的本质区别。党的二十大报告明确指出，中国式现代化是中国共产党领导的社会主义现代化，坚持中国共产党领导是中国式现代化9条本质要求的首条。报告还强调，在全面建设社会主义现代化国家的前进道路上必须牢牢把握5个重大原则，其中第一个就是坚持和加强党的全面领导。只有坚决维护党中央权威和集中统一领导，把党的领导落实到党和国家事业各领域各方面各环节，使党始终成为风雨来袭时全体人民最可靠的主心骨，才能确保我国社会主义现代化建设的正确方向。

明确推进中国式现代化的依靠力量。中国式现代化是以人民为中心的现代化，是全体人民共同富裕的现代化。人民性是马克思主义的本质属性，是中国式现代化的价值属性。人民是推进现代化的不竭力量之源，离开人民的现代化不是社会主义现代化。一切脱离人民的现代化都是苍白无力的，一切不为人民造福的现代化都是没有生命力的。中国式现代化的形成过程，就是依靠人民、为了人民、造福人民的过程。实现全体人民共同富裕既是中国式现代化的中国特色，又是中国式现代化的本质要求。我们党始终坚持把实现人民对美好生活的向往作为现代化建设的出发点和落脚点，着力维护和

促进社会公平正义，着力促进全体人民共同富裕，形成了一套党领导下的科学完备、执行有效，充分调动最广大人民群众积极参与现代化建设的体制机制。

明确中国式现代化的发展模式。习近平总书记指出："我国现代化同西方发达国家有很大不同。西方发达国家是一个'串联式'的发展过程，工业化、城镇化、农业现代化、信息化顺序发展，发展到目前水平用了二百多年时间。我们要后来居上，把'失去的二百年'找回来，决定了我国发展必然是一个'并联式'的过程，工业化、信息化、城镇化、农业现代化是叠加发展的。"[①] 西方现代化采取的"串联式"发展，无法也不可能在发展进程中同时兼顾物质文明、政治文明、精神文明、社会文明、生态文明的协调发展，而只能是在某一个发展阶段专注于一两个目标，待阶段性目标实现后再考虑其他目标。中国不是沿着西方现代化之路，而是工业化、信息化、城镇化、农业现代化叠加同步进行，走出一条"弯道超车"的跨越型现代化之路。事实说明，中国式现代化能够有效解决西方现代化无法克服的经济、民主、文明、社会治理和生态等领域出现的一系列发展悖论，破除西方现代化遇到的难题，实现赶超式发展。中国式现代化为后发国家打开了人类现代化的另一扇窗，为发展中国家如何实现现代化提供了一种新的发展方式——"并联式"现代化发展方式。

---

① 中共中央文献研究室编：《习近平关于社会主义经济建设论述摘编》，中央文献出版社 2017 年版，第 159 页。

明确现代化发展的价值取向。习近平总书记指出，人民对美好生活的向往就是我们的奋斗目标，"现代化的本质是人的现代化"[①]，必须坚持以人民为中心的根本政治立场。坚持以人民为中心的发展思想，是中国式现代化鲜明的政治立场和价值追求。治国有常，利民为本。在党的全心全意为人民服务宗旨统摄下，新中国成立以来，"让人民过上好日子"一以贯之地成为中国共产党人坚持不懈追求的价值目标。在开辟现代化进程中，从"小康"到"总体小康"，从"全面建设小康社会"到"全面建成小康社会"，人的价值越来越彰显。在不断保障和改善民生中，"幼有所育、学有所教、劳有所得、病有所医、老有所养、住有所居、弱有所扶"得到全面推进，人民群众的获得感、幸福感、安全感更加充实、更可持续。为民造福成为立党为公、执政为民的本质要求，"让人民生活幸福是'国之大者'"，是坚持推进中国式现代化的价值理念。

二、推进中国式现代化发展的历史进程

首先，提出分"两步走"逐步建成社会主义现代化强国。2017年，党的十九大在综合分析国际国内形势和我国发展条件的基础上，提出全面建成小康社会，然后再乘势而上开启全面建设社会主义现

[①]《十八大以来重要文献选编》上，中央文献出版社2014年版，第594页。

代化国家新征程。分两个阶段来安排：第一个阶段是从 2020 年到 2035 年，在全面建成小康社会的基础上，再奋斗 15 年，基本实现社会主义现代化。第二个阶段是从 2035 年到本世纪中叶，在基本实现现代化的基础上，再奋斗 15 年，把我国建成富强民主文明和谐美丽的社会主义现代化强国。到那时，社会主义中国将焕发出前所未有的生机活力，实现国家治理体系和治理能力现代化，成为综合国力和国际影响力领先的国家，中华民族将以更加昂扬的姿态屹立于世界民族之林，实现中华民族伟大复兴的中国梦。

《中共中央关于党的百年奋斗重大成就和历史经验的决议》将习近平新时代中国特色社会主义思想的核心内容进一步概括为"十个明确"，其中"第二个明确"是"明确坚持和发展中国特色社会主义，总任务是实现社会主义现代化和中华民族伟大复兴，在全面建成小康社会的基础上，分两步走在本世纪中叶建成富强民主文明和谐美丽的社会主义现代化强国，以中国式现代化推进中华民族伟大复兴"。这一重要论述阐明了新时代坚持和发展中国特色社会主义的总任务，明确了分两步走建成社会主义现代化强国的战略步骤和时间安排，指明了实现中华民族伟大复兴的路径是走中国式现代化道路。"两步走"战略安排把基本实现社会主义现代化时间提前了 15 年，这是经过有关部门的科学测算，并充分考虑到中国特色社会主义制度的巨大优势与潜力而作出的重大决策；把到本世纪中叶实现社会主义现代化的目标由"基本实现现代化，建成富强民主文明的社会主义国家"调整为"建成富强民主文明和谐美丽的社会主义现代化强国",这充分体现了对高质量发展的重视;突出强调到 2035 年要使我国各方面制度更加完善、基本实现国家治理体系和治理能力现代化,到本世纪中叶要实现国家治理体系和治理能力现代化,这不仅提高了实现社会主义现代化的要求,而且极大地深化和拓展了我国社会主义现代化建设的内涵和外延。

全面建成小康社会为社会主义现代化强国建设提供了坚实基础。从物质基础看,党的十八大以来,我国经济社会持续较快发展,供给侧结构性改革深入推进,经济结构持续优化,数字经济等新兴产业蓬勃发展,基础设施建设快速推进;我国的经济实力、科技实力、综合国力正在从量的积累迈向质的飞跃;在众多发展领域实现从"跟跑"到"并跑""领跑"的重大跃升,特别是各创新领域正在从点的突破迈向系统能力的提升;我国已经成为世界制造业第一大国、货物贸易第一大国,外汇储备连续多年位居世界第一;我国构建起世界上规模最大、覆盖人口最多的社会保障体系,提前 10 年实现《联合国 2030 年可持续发展议程》减贫目标,脱贫攻坚成果举世瞩目,创造了人类减贫史上的奇迹。

其次,推进中华民族伟大复兴进入关键时期。历史发展总是在量变积累中不断通过质变为自己开辟前进的道路。100 多年来,中国共产党紧紧围绕实现中华民族伟大复兴主题不断地积累成就,中华民族伟大复兴进入了不可逆转的历史进程。决定着中华民族伟大复兴进程不可逆转性的量变因素主要体现在八个方面，即党的领导更为坚强，汇聚了更为强大的人民力量，积累了更为坚实的物质基础，凝聚了更为主动的精神力量，对在百年奋斗中走得越来越宽广的正确道路更为自信，对在百年奋斗中越来越具有指导力的理论更为自信，对在百年奋斗中越来越成熟定型的制度更为自信，对在百年奋斗中越来越繁荣的中国特色社会主义文化更为自信。

三、拓展中国式现代化的结构系统

首先，提出"五位一体"总体布局，拓展并完善了中国式现代化的结构系统。系统论讲究结构决定功能，系统结构决定着系统功能的发挥。中国特色社会主义伟大事业是一个有机系统，要使各项功能发挥出来并形成"1 + 1 > 2"的放大效应，就必须有一个科学合理有序的结构。总体布局，就是中国特色社会主义道路的结构系统。随着在实践中对共产党执政规律、社会主义建设规律和人类社会发展规律认识的不断深化，中国共产党对中国特色社会主义结构与功能的认识也在不断发展、丰富与完善。中国特色社会主义道路行进到此，它的总体布局基本定型，即形成了"五位一体"总体布局。"五位一体"总体布局把凝聚性的民主政治体制、效率性的市场经济体制、产业与事业联动的文化体制、政府主导型的社会体制、中国理念的生态文明体制有机联合成一个伟大的系统结构。经验证明，这个布局有着其他任何类型国家制度所不具有的独特的资源整合与体制动员优势。

"五位一体"总体布局不是一蹴而就的，而是在实践和认识中逐步形成的，经历了从"两位一体"到"五位一体"的漫长演进过程。改革开放初期，邓小平认识到社会主义物质文明和社会主义精神文明协调发展的重要性，明确指出要坚持两个文明一起抓、两手都要硬，只有两个文明都搞好，才是有中国特色的社会主义。党的十二大报告强调："社会主义的物质文明和精神文明建设，都要靠继续发展社会主义民主来保证和支持。建设高度的社会主义民主，是我们的根本目标和根本任务之一。"[1] 这段话初步勾勒出物质文明、精神文明和政治文明"三位一体"的雏形。1986 年，党的十二届六中全会正式提出"总体布局"概念，指出"我国社会主义现代化建设的总体布局是：以经济建设为中心，坚定不移地进行经济体制改革，坚定不移地进行政治体制改革，坚定不移地加强精神文明建设，并且使这几个方面互相配合，互相促进"[2]。2005 年 2 月，胡锦涛在省部级主要领导干部提高构建社会主义和谐社会能力专题研讨班上指出："随着我国经济社会的不断发展，中国特色社会主义事业的总体布局，更加明确地由社会主义经济建设、政治建设、文化建设三位一体发展为社会主义经济建设、政治建设、文化建设、社会建设四

---

[1]《改革开放三十年重要文献选编》上，中央文献出版社 2008 年版，第 278 页。
[2]《改革开放三十年重要文献选编》上，中央文献出版社 2008 年版，第 430 页。

位一体。"①中国特色社会主义事业"四位一体"的总体布局成为全党共识。改革开放以来，经济社会得到快速发展的同时，资源约束日益趋紧，环境污染日益严重，生态系统严重退化。党的十七大报告在论述实现全面建设小康社会战略目标时，首次提出了"建设生态文明"的新要求。2012年11月，党的十八大报告把生态文明建设与经济建设、政治建设、文化建设、社会建设并列，正式提出中国特色社会主义事业"五位一体"总体布局。统筹推进"五位一体"总体布局是中国特色社会主义道路的内在要求。新时代以来，以习近平同志为核心的党中央以一系列新理念新思想新战略，统筹推进经济、政治、文化、社会、生态文明领域体制改革，越来越多发展过程中出现的难题在破解，越来越多阻碍经济持续健康发展的体制机制在消除，"五位一体"总体布局不断优化，社会生产力得到进一步解放和发展，全社会创造活力得到解放和增加，科学社会主义在21世纪的中国展现出强大的生机活力。

其次，提出国家治理体系和治理能力现代化的新命题。党的十八届三中全会提出，全面深化改革的总目标是完善和发展中国特色社会主义制度，推进国家治理体系和治理能力现代化，这为中国式现代化提出了一个新命题。国家治理体系和治理能力现代化，是现代化国家的硬指标，是我国现代化建设的新方向。国家治理体系

---

①《十六大以来重要文献选编》中，中央文献出版社2006年版，第696页。

和治理能力是一个国家制度和制度执行能力的集中体现，是一个国家制度优势转化为国家治理效能的基本依托。国家治理体系是国家制度落实到国家治理中的具体化、实体化，国家治理能力是运用国家制度管理国家各方面事务的能力，包括改革发展稳定、内政外交国防、治党治国治军等各个方面各个领域的治理能力。先进的国家制度，加上构建起现代化的国家治理体系和国家治理能力，中国式现代化必定能行稳致远。新时代 10 年所取得的历史性成就、发生的历史性变革充分表明，中国特色社会主义制度、国家治理体系和治理能力是具有强大生命力和巨大优越性的，是能够持续推进我国现代化发展的。

党的十八大以来，我们在认识上不断深化，创立了习近平新时代中国特色社会主义思想，实现了马克思主义中国化时代化新的飞跃，为中国式现代化提供了根本遵循。我们进一步深化对中国式现代化的内涵和本质的认识，概括形成中国式现代化的中国特色、本质要求和重大原则，初步构建中国式现代化的理论体系，使中国式现代化更加清晰、更加科学、更加可感可行。我们在战略上不断完善，深入实施科教兴国战略、人才强国战略、乡村振兴战略等一系列重大战略，为中国式现代化提供坚实战略支撑。我们在实践上不断丰富，推进一系列变革性实践、实现一系列突破性进展、取得一系列标志性成果，推动党和国家事业取得历史性成就、发生历史性变革，特别是消除了绝对贫困问题，全面建成小康社会，为中国式现代化提供了更为完善的制度保证、更为坚实的物质基础、更为主动的精神力量。

第三章
中国式现代化的特征与特色

中国式现代化，是我们党领导全国各族人民在长期探索和实践中历经千辛万苦、付出巨大代价取得的重大成果。党的二十大报告指出："在新中国成立特别是改革开放以来长期探索和实践基础上，经过十八大以来在理论和实践上的创新突破，我们党成功推进和拓展了中国式现代化。中国式现代化，是中国共产党领导的社会主义现代化，既有各国现代化的共同特征，更有基于自己国情的中国特色。"[1]

第一节　中国式现代化的基本特征

中国式现代化，是人口规模巨大的现代化，是全体人民共同富裕的现代化，是物质文明和精神文明相协调的现代化，是人与自然和谐共生的现代化，是走和平发展道路的现代化。这是对中国式现代化五大特征的系统阐述，这五个方面的基本特征反映了中国式现代化与其他现代化模式的本质区别，体现了中国式现代化相较于其他现代化模式的优势所在。

---

[1] 习近平：《高举中国特色社会主义伟大旗帜 为全面建设社会主义现代化国家而团结奋斗——在中国共产党第二十次全国代表大会上的讲话》，人民出版社 2022 年版，第 22 页。

一、人口规模巨大的现代化

中国自古以来就是人口大国，1840 年鸦片战争爆发时，中国人口就已突破 4 亿；新中国成立时中国人口增至 5 亿多，1982 年中国人口突破 10 亿大关;《第七次全国人口普查公报》显示，2020 年我国人口总体规模已经达到 14.43 亿人，约占世界总人口的 18%。巨大的人口规模是我国的基本国情，也是实现中国式现代化必须考虑的首要现实因素。1979 年，邓小平在党的理论工作务虚会上指出："耕地少，人口多特别是农民多，这种情况不是很容易改变的。这就成为中国现代化建设必须考虑的特点。"[①]

迄今为止，全球实现现代化的国家和地区总数不超过 30 个，人口约为 10 亿人，无论是人口千万级的英国、法国等西欧国家，还是人口上亿级的美国、日本，在体量上都无法达到人口规模巨大的现代化程度，而且以资本为中心的现代化发展逻辑更是让西方现代化与现代化的本质——人的现代化背道而驰。人口十亿级的中国式现代化没有现成的路可走，注定要在吸收借鉴以往现代化模式发展经验教训的基础上，独立自主探索出一条能够承载超大体量的社会主义现代化道路。

为了确保我国 14 亿多人口整体迈入现代化社会，首先，必须

---

① 《邓小平文选》第二卷，人民出版社 1994 年版，第 164 页。

始终坚持中国共产党的集中统一领导。党的二十大报告强调："全面建设社会主义现代化国家、全面推进中华民族伟大复兴，关键在党。"[①] 有了党的坚强领导，国家治理就有了坐镇中军帐的"帅"，现代化建设就有了坚强的"领航者"，亿万人民就有了共谋复兴的"主心骨"，14 亿多人就能"心往一处想、劲往一处使"，人口规模巨大的现代化就能在有条不紊中不断迈出新步伐。其次，必须始终坚持以人民为中心的发展思想。相较于西方现代化以资本、物质利益为中心的价值导向，中国共产党领导下的中国式现代化始终把人民利益放在第一位，坚持人民主体地位，把为民造福作为立党为公、执政为民的本质要求，坚持共同富裕方向，始终做到发展为了人民、发展依靠人民、发展成果由人民共享，不断实现好、维护好、发展好最广大人民的根本利益，激发全体人民积极性、主动性、创造性，这就使人口规模巨大的现代化能够得到最广大人民的拥护和支持，获得不竭的动力源泉。最后，必须充分发挥我国社会主义制度集中力量办大事的政治优势，系统谋划、统筹推进党和国家各项事业，充分调动各方面积极性，促进各个部门、各条战线全面参与，汇聚起 14 亿多人民参加现代化建设的强大合力。

超大规模的人口，意味着中国实现现代化的难度之大前所未有，也意味着中国式现代化所肩负的历史任务之重前所未有。但是，在

---

① 习近平：《高举中国特色社会主义伟大旗帜 为全面建设社会主义现代化国家而团结奋斗——在中国共产党第二十次全国代表大会上的讲话》，人民出版社 2022 年版，第 63 页。

中国共产党的坚强领导下，"我们始终从国情出发想问题、作决策、办事情，既不好高骛远，也不因循守旧，保持历史耐心，坚持稳中求进、循序渐进、持续推进"①。经过全党全国各族人民的艰苦奋斗，我们取得了脱贫攻坚战的全面胜利，历史性地解决了绝对贫困问题，人民生活水平迈上了一个新台阶；坚持走以人为核心的新型城镇化道路，致力于让全体人民共享城镇化成果，推进了世界历史上规模最大、速度最快的城镇化运动；不断促进人的全面发展、社会全面进步，建成了世界上规模最大的社会保障体系，实现了人口素质质的飞跃……中国式现代化书写了超大规模国家的发展奇迹，成为世界现代化进程中最重要的增长极，一旦我国 14 亿多人口整体迈入现代化社会，"其规模超过现有发达国家的总和，将彻底改写现代化的世界版图，在人类历史上是一件有深远影响的大事"②。

二、全体人民共同富裕的现代化

实现全体人民共同富裕，是中国特色社会主义的本质要求，是社会主义现代化的一个重要目标。在资本主义生产资料私有制下，广大无产阶级创造的社会财富被少数资产阶级掠夺与占有，造成贫

---

① 习近平：《高举中国特色社会主义伟大旗帜 为全面建设社会主义现代化国家而团结奋斗——在中国共产党第二十次全国代表大会上的讲话》，人民出版社 2022 年版，第 22 页。
②《习近平谈治国理政》第四卷，外文出版社 2022 年版，第 123 页。

者愈贫、富者愈富的现象日益加剧，进而导致先发现代化国家虽实现了"强国"却无法实现"富民"，而且严重的两极分化带来了激烈的社会动荡，经济社会发展秩序时常遭到破坏。中国共产党自成立之日起，就清楚地认识到党领导人民打江山、守江山，守的是人民的心，必须坚持人民利益至上的价值立场，"坚持把实现人民对美好生活的向往作为现代化建设的出发点和落脚点，着力维护和促进社会公平正义，着力促进全体人民共同富裕，坚决防止两极分化"①。

从毛泽东提出"现在我们实行这么一种制度，这么一种计划，是可以一年一年走向更富更强的，一年一年可以看到更富更强些。而这个富，是共同的富，这个强，是共同的强，大家都有份"②，到邓小平明确"社会主义的特点不是穷，而是富，但这种富是人民共同富裕"③，"社会主义与资本主义不同的特点就是共同富裕，不搞两极分化"④，"社会主义的本质，是解放生产力，发展生产力，消灭剥削，消除两极分化，最终达到共同富裕"⑤，再到习近平总书记提出我们追求的发展是造福人民的发展，我们追求的富裕是全体人民共同富裕，要"使全体人民朝着共同富裕方向稳步前进，

---

① 习近平：《高举中国特色社会主义伟大旗帜 为全面建设社会主义现代化国家而团结奋斗——在中国共产党第二十次全国代表大会上的讲话》，人民出版社2022年版，第22页。
②《毛泽东文集》第六卷，人民出版社1999年版，第495页。
③《邓小平文选》第三卷，人民出版社1993年版，第265页。
④《邓小平文选》第三卷，人民出版社1993年版，第123页。
⑤《邓小平文选》第三卷，人民出版社1993年版，第373页。

绝不能出现'富者累巨万，而贫者食糟糠'的现象"[1]，中国共产党领导中国人民开辟的中国式现代化在价值追求和目标导向上实现了对资本主义现代化的根本超越，使整个中国社会和现代化事业得以在团结、稳定的基础上安全运行。

中国式现代化赋予共同富裕鲜明的时代特征和中国特色。首先，共同富裕是"全民共富"。这不是一部分人或一部分地区的富裕，而是14亿多中国人民的共同富裕，是全体人民共享发展成果，共同过上幸福美好的生活。其次，共同富裕是"全面富裕"。既包括物质的富裕富足，也包括精神的自信自强，还包括环境的宜居宜业、社会的和谐和睦、公共服务的普及普惠等。再次，共同富裕是"共建共富"。实现共同富裕需要全体人民的辛勤劳动和相互帮助，只有人人参与、人人尽力、人人享有，才能共建美好家园，共享美好生活。最后，共同富裕是"逐步共富"。实现全体人民共同富裕是一项长期艰巨的任务，是一个循序渐进的过程，既要遵循规律、积极有为，又不能脱离实际、超越阶段，必须在实现现代化的过程中稳步推进。正如习近平总书记所强调的："我们说的共同富裕是全体人民共同富裕，是人民群众物质生活和精神生活都富裕，不是少数人的富裕，也不是整齐划一的平均主义。"[2]"我们要实现14亿人共同富裕，必须脚踏实地、久久为功，不是所有人都同时富裕，也不是所

---

① 《习近平谈治国理政》第二卷，人民出版社2017年版，第200页。
② 习近平：《扎实推动共同富裕》，《求是》2021年第20期。

有地区同时达到一个富裕水准，不同人群不仅实现富裕的程度有高有低，时间上也会有先有后，不同地区富裕程度还会存在一定差异，不可能齐头并进。这是一个在动态中向前发展的过程，要持续推动，不断取得成效。"[1]

经过全党全军全国各族人民的持续奋斗，2021 年，在庆祝中国共产党成立 100 周年大会上，习近平总书记庄严宣告："我们实现了第一个百年奋斗目标，在中华大地上全面建成了小康社会，历史性地解决了绝对贫困问题，正在意气风发向着全面建成社会主义现代化强国的第二个百年奋斗目标迈进。"[2] 如期实现全面建成小康社会的奋斗目标为实现全体人民共同富裕创造了前所未有的良好条件，也证明了现代化建设与实现全体人民共同富裕是并行不悖的，以中国式现代化推进全体人民共同富裕是切实可行的。中国式现代化为实现全体人民共同富裕奠定了经济、政治、社会、制度等方面的坚实基础，只要继续坚持和完善中国式现代化道路，就能在高质量发展中不断破解发展不平衡不充分问题和人民急难愁盼问题，就能坚决破除实现共同富裕、实现公平正义的阻碍和束缚，有效防止两极分化，不断推动全体人民共同富裕取得更为明显的实质性进展。

---

① 习近平：《扎实推动共同富裕》，《求是》2021 年第 20 期。
② 习近平：《在庆祝中国共产党成立 100 周年大会上的讲话》，人民出版社 2021 年版，第 2 页。

三、物质文明和精神文明相协调的现代化

物质文明和精神文明协调发展是社会进步的前提和基础，是中国式现代化的题中应有之义。在资本主义现代化发展模式中，人的价值不是体现在个人价值与社会价值、物质价值与精神价值的统一中，而仅仅体现在拥有尽可能多的物质财富，这就致使资本主义物质文明和精神文明之间产生巨大的不平衡，高度发达的物质文明并没有促进精神文明进步和人的自由全面发展，反而使人的发展单一片面化。物质富足、精神富有是社会主义现代化的根本要求，中国式现代化必须推动物质文明和精神文明共同发展、相互协调，既要家家仓廪实衣食足，实现物质生活水平提高，也要人人知礼节明荣辱，实现精神文化生活丰富，最终促进人的全面发展和社会全面进步。

早在 1940 年，毛泽东就提出："我们不但要把一个政治上受压迫、经济上受剥削的中国，变为一个政治上自由和经济上繁荣的中国，而且要把一个被旧文化统治因而愚昧落后的中国，变为一个被新文化统治因而文明先进的中国。"[1] 改革开放之初，邓小平提出"两手抓、两手都要硬"的思想，并将这个思想应用到"两个文明"的建设中，指出只有精神文明和物质文明都搞好才是有中国特色的

---

[1]《毛泽东选集》第二卷，人民出版社 1991 年版，第 663 页。

社会主义，"我们要在建设高度物质文明的同时，提高全民族的科学文化水平，发展高尚的丰富多彩的文化生活，建设高度的社会主义精神文明"①。党的十八大以来，习近平总书记十分重视物质文明和精神文明的协调发展，强调"要坚持'两手抓、两手都要硬'，以辩证的、全面的、平衡的观点正确处理物质文明和精神文明的关系，把精神文明建设贯穿改革开放和现代化全过程、渗透社会生活各方面"②，强调"只有物质文明建设和精神文明建设都搞好，国家物质力量和精神力量都增强，全国各族人民物质生活和精神生活都改善，中国特色社会主义事业才能顺利向前推进"③。正是因为我们党历来都高度重视物质文明和精神文明协调发展，中国式现代化才能克服资本主义现代化片面发展的先天性弊端，开拓出一条"只有社会主义国家才能够达到而且已经达到了高度的文明"④ 的现代化之路。

如今，我们用几十年时间走完西方发达国家几百年走过的工业化历程，成为世界第二大经济体、第一大工业国、第一大货物贸易国、第一大外汇储备国，经济、科技、教育、文化等各项事业蓬勃发展，物质文明和精神文明建设取得显著成就。在全面建设社会主义现代化国家、向第二个百年奋斗目标进军的新发展阶段，为了顺利实现"到 2035 年基本实现社会主义现代化、到本世纪中叶把我国

---

① 《邓小平文选》第二卷，人民出版社 1994 年版，第 208 页。
② 《习近平谈治国理政》第二卷，外文出版社 2017 年版，第 324 页。
③ 《习近平谈治国理政》第一卷，外文出版社 2018 年版，第 153 页。
④ 《列宁全集》第三十八卷，人民出版社 2017 年版，第 210 页。

建成富强民主文明和谐美丽的社会主义现代化强国"的战略安排，中国式现代化必须进一步深化对物质文明和精神文明协调发展规律的认识，夯实物质文明对精神文明发展的基础性作用，并且发挥精神文明对物质文明发展的正向促进作用。

党的二十大报告指出："全面建设社会主义现代化国家，必须坚持中国特色社会主义文化发展道路，增强文化自信，围绕举旗帜、聚民心、育新人、兴文化、展形象建设社会主义文化强国，发展面向现代化、面向世界、面向未来的，民族的科学的大众的社会主义文化，激发全民族文化创新创造活力，增强实现中华民族伟大复兴的精神力量。"[①] 中国式现代化既要不断厚植现代化建设的物质基础，又要大力发展社会主义先进文化，为经济社会高质量发展提供更多更好的价值引领、文化滋养、精神支撑。实践已经并将继续证明，中国式现代化"在增强国家硬实力的同时注重提升国家软实力，不断增强发展整体性"[②] 的发展方向，将弥补以往现代化模式中存在的"经济腿长、文化腿短"缺陷，使广大人民群众在物质需求不断得到满足的同时，其精神境界、生存质量、思想道德素质和科学文化素质也能得到明显提高，在物质生活和精神生活上都实现共同富裕。

---

① 习近平：《高举中国特色社会主义伟大旗帜 为全面建设社会主义现代化国家而团结奋斗——在中国共产党第二十次全国代表大会上的讲话》，人民出版社2022年版，第42—43页。
② 习近平：《深化合作伙伴关系 共建亚洲美好家园——在新加坡国立大学的演讲》，人民出版社2015年版，第11页。

四、人与自然和谐共生的现代化

人因自然而生，人不能脱离自然而存在，人与自然的辩证关系构成人类发展的永恒主题。然而，审视人类文明发展历程，因为资源粗放利用、环境过度开发、污染疏于治理等造成生态环境衰退，继而引发文明危机的事例屡见不鲜。生态兴则文明兴，生态衰则文明衰。马克思、恩格斯对资本主义现代化过程中出现的生态危机进行过深刻剖析，提出了一系列具有重要现实意义的生态文明思想。在《1844 年经济学哲学手稿》中，马克思将自然界形象地比喻为"人的无机的身体"，"这就是说，自然界是人为了不致死亡而必须与之处于持续不断的交互作用过程的、人的身体。所谓人的肉体生活和精神生活同自然界相联系，不外是说自然界同自身相联系，因为人是自然界的一部分"①。恩格斯则直接指出："因此我们每走一步都要记住：我们决不像征服者统治异族人那样支配自然界，决不像站在自然界之外的人似的去支配自然界——相反，我们连同我们的肉、血和头脑都是属于自然界和存在于自然界之中的；我们对自然界的整个支配作用，就在于我们比其他一切生物强，能够认识和正确运用自然规律。"②人类必须"一天天地学会更正确地理解自然规律，学会认识我们对自然界习常过程的干预所造成的较近或较远的

---

① 《马克思恩格斯选集》第一卷，人民出版社 2012 年版，第 55—56 页。
② 《马克思恩格斯选集》第三卷，人民出版社 2012 年版，第 998 页。

后果"①，只有这样，人与自然才能和谐共生，人类文明才不致因自身对自然界的破坏而走向衰落。

中国式现代化继承发展马克思主义的生态文明思想，深刻把握人与自然是生命共同体，无止境地向自然索取甚至破坏自然必然会遭到大自然的报复的客观规律，努力实现人与自然关系合规律性与合目的性的辩证统一。党的十八大以来，进一步加强党对生态文明建设的全面领导，把生态文明建设摆在了全局工作的突出位置。"在'五位一体'总体布局中，生态文明建设是其中一位；在新时代坚持和发展中国特色社会主义的基本方略中，坚持人与自然和谐共生是其中一条；在新发展理念中，绿色是其中一项；在三大攻坚战中，污染防治是其中一战；在到本世纪中叶建成社会主义现代化强国目标中，美丽中国是其中一个。"②党的二十大报告强调："尊重自然、顺应自然、保护自然，是全面建设社会主义现代化国家的内在要求。必须牢固树立和践行绿水青山就是金山银山的理念，站在人与自然和谐共生的高度谋划发展。"③在"绿水青山就是金山银山"的绿色发展理念指引下，党和国家扎实推进蓝天保卫战、碧水保卫战、净土保卫战，大力推进绿色低碳发展，努力提升生态系统多样性、稳定

①《马克思恩格斯选集》第三卷，人民出版社2012年版，第998页。

②习近平：《论把握新发展阶段、贯彻新发展理念、构建新发展格局》，人民出版社2021年版，第536—537页。

③习近平：《高举中国特色社会主义伟大旗帜 为全面建设社会主义现代化国家而团结奋斗——在中国共产党第二十次全国代表大会上的讲话》，人民出版社2022年版，第49—50页。

性、持续性，积极参与全球环境治理，加快推进生态环境领域国家治理体系和治理能力现代化，我国生态环境根本好转，美丽中国目标基本实现。

中国式现代化摒弃了"先污染后治理"的现代化老路，坚定不移走生产发展、生活富裕、生态良好的文明发展道路，积极建设生态文明，推动人与自然和谐共生，这不仅能够提供更多优质生态产品以满足人民日益增长的优美生态环境需要，而且推动实现更高质量、更可持续、更为安全的发展，促进经济社会发展与生态环境保护的协调统一。

五、走和平发展道路的现代化

人类从进入世界历史进程开始，就已经成为相互依存、利益相关、命运攸关的共同体。各民族越融入世界生产体系中，共同利益就越多，面对的共同挑战也越多，联系就越紧密。世界各国只有和平友好相处，才能实现互惠互利、共同发展。资本主义现代化无视这一历史发展规律，通过"血与火"的征战在全球范围内建立起殖民体系，肆无忌惮地对其他国家和民族进行资源掠夺与经济剥削，"迫使一切民族——如果它们不想灭亡的话——采用资产阶级的生产方式；它迫使它们在自己那里推行所谓的文明，即变成资产者。一句话，它按照自己的面貌为自己创造出一个世界。"①当其综合国力空前增强时，就企图成为世界霸主，通过控制全世界来满足自身发展需要，"国强必霸"便成为资本主义现代文明发展的典型特征。长期以来，这种损人利己、充满血腥罪恶的现代化老路给广大发展中国家人民带来深重苦难。

文明基础和社会制度与西方发达国家有着本质区别的中国式现代化，坚定站在历史正确的一边、站在人类文明进步的一边，高举和平、发展、合作、共赢旗帜，在坚定维护世界和平与发展中谋求自身发展，又以自身发展更好维护世界和平与发展，走出了一条和平发展道路。"中国人自古就推崇'协和万邦'、'亲仁善邻，国之宝也'、'四海之内皆兄弟也'、'远亲不如近邻'、'亲望亲好，邻望邻好'、'国虽大，好战必亡'等和平思想。爱好和平的思想深深嵌入了中华民族的精神世界，今天依然是中国处理国际关系的基本理念。"②2000多年前，中国人就开通了丝绸之路，推动东西方文明交流；600多年前，郑和七次下西洋，到访亚非30多个国家和地区，却从未恃强凌弱，而是一路播撒和平友谊的种子；到了近代，西方列强以坚船利炮轰开了独立的封建中国的国门，使中华民族遭受了前所未有的劫难，但是为了实现中国与世界的长远和平稳定，中国

①《马克思恩格斯选集》第一卷，人民出版社2012年版，第404页。
②习近平：《在纪念孔子诞辰2565周年国际学术研讨会暨国际儒学联合会第五届会员大会开幕会上的讲话》，人民出版社2014年版，第3页。

人民从未屈服于外来侵略和压迫，从未停息救亡图存的斗争。中国共产党成立后，团结带领中国人民打败国内外一切反动势力，建立起社会主义中国，充分发扬马克思主义的国际主义精神，坚定奉行独立自主的和平外交政策，着力促进世界人民共同进步；坚定不移在和平共处五项原则基础上同各国进行友好交往，坚持世界各国相互尊重、平等协商，承诺绝不以国际主义之名行民族主义之实，使中国的发展成为世界和平力量的增长，为人类和平与发展注入了强大的正能量。

历史车轮滚滚向前，国际形势风云变幻。当前，世界之变、时代之变、历史之变正以前所未有的方式展开，世界又一次站在历史的十字路口，人类该何去何从？在这个充满挑战和希望的时代里，如何才能让薪火代代相传，让发展的动力源源不断，让文明的光芒熠熠生辉？中国式现代化遵循历史发展规律，顺应时代发展潮流，给出了构建人类命运共同体、实现共赢共享的解决方案。南非资深外交家格特·格罗布勒指出："现在是世界各国最需要携手合作的时刻，构建人类命运共同体的意义从来没有像现在这样重要。"俄罗斯中国友好协会副主席谢尔盖·萨纳科耶夫表示："构建人类命运共同体理念具有重要的现实意义，为人类走出当前危机指明方向，为推动世界和平发展、繁荣进步提供启迪。"推动构建人类命运共同体呼吁世界各国弘扬和平、发展、公平、正义、民主、自由的全人类共同价值，倡导践行真正的多边主义，超越了资本主义现代文明"国强必霸""赢者通吃"的狭隘发展逻辑，体现了中国式现代化致力于为人类谋进步、为世界谋大同的责任担当，已经成为推动世界共同安全与发展的关键力量之一。在人类历史发展的十字路口，构建人类命运共同体的中国方案为人类文明进步锚定了正确方向，将引领人类文明向着"真正的共同体"不断迈进，同时也为实现良性的全球治理创造了良好条件。中国通过走和平发展道路实现的现代化不仅将造福中国人民，还将造福世界各国人民，并将进一步证明："中国走和平发展道路，不是权宜之计，更不是外交辞令，而是从历史、现实、未来的客观判断中得出的结论，是思想自信和实践自觉的有机统一。"①

中国式现代化五个方面的基本特征是彼此联系、相互贯通、辩证统一的，统一于新时代全面建设社会主义现代化国家、着力推动高质量发展的实践中。高质量发展是全面建设社会主义现代化国家的首要任务，这种发展是努力满足人民日益增长的美好生活需要、由 14 亿多中国人民共享发展成果的发展，是统筹物质文明、政治文明、精神文明、社会文明、生态文明建设的发展，是以高水平对外开放推动世界合作共赢的发展。只有坚持以推动高质量发展为主题，我国经济、政治、文化、社会、生态等各方面事业才能在坚实的物质技术基础上有序推进，全面建成社会主义现代化强国的目标才有可能实现。

———————
① 《习近平谈治国理政》第一卷，外文出版社 2018 年版，第 267 页。

第二节　中国式现代化的发展与创新

中国式现代化的发展开始于"改良救国"之路的探求，奠基于"革命建国"之路的探索，形成于"改革富国"之路的开创，成熟于"文明强国立国"之路的完善，是中国共产党从中国具体实际出发思考建设什么样的社会主义现代化强国、怎样建设社会主义现代化强国，中国式现代化何以推进中华民族伟大复兴、怎样推进中华民族伟大复兴等重大理论和实践问题，带领中国人民在百年奋斗历程中开辟出的一种独具中国特色的社会主义现代化模式。这条现代化之路是中国共产党人在中国大地上创造性运用马克思主义现代化理论取得的成果，既切合中国实际，又体现了社会主义建设规律和人类社会发展规律，实现了对资本主义现代化和社会主义现代化建设理论与实践的全面超越，为广大发展中国家走向现代化提供了新视角和新路径。

一、不是简单延续中国历史文化的母版

作为一个拥有 5000 多年不间断文明史的古国实现现代化的路径，中国式现代化具有深厚的历史文化基因，没有中国几千年历史文化的积淀，中国式现代化就成了无源之水、无本之木。但是，这并不意味着中国式现代化只是简单延续中国历史文化的母版。从秦

始皇建立第一个专制主义封建王朝，到清政府被推翻，中国经历了漫长的封建统治，塑造出了以农耕文明、封建专制、自然经济等为典型特征的中国历史文化，而这些特征明显是与现代化不相适应的。鸦片战争后，无数仁人志士所进行的"不触动旧的社会根基的自强运动，各种名目的改良主义，旧式农民战争，资产阶级革命派领导的民主主义革命，照搬西方政治制度模式的各种方案，都不能完成中华民族救亡图存和反帝反封建的历史任务，都不能让中国的政局和社会稳定下来，也都谈不上为中国实现国家富强、人民幸福提供制度保障"[1]。因为它们都没有触动旧的社会根基，并试图继续保持这种封建历史文化。直到新文化运动高举起"民主"和"科学"两面大旗，冲破封建文化几千年的束缚，推动现代科学文化在中国的发展与传播，才为马克思主义在中国的传播和中国共产党的建立奠定了重要的思想基础，才有了中国式现代化的开辟及其取得的历史性成就。

事实一再证明，在马克思主义指导下取中国历史文化之精华，去中国历史文化之糟粕，对其进行创造性转化和创新性发展，使之适应社会主义现代化的现实需要，是有助于解决中国式现代化和中华民族伟大复兴面临的一系列复杂问题的。正如习近平总书记所指出的："中国优秀传统文化的丰富哲学思想、人文精神、教化思想、

---

① 习近平:《在庆祝全国人民代表大会成立60周年大会上的讲话》，人民出版社2014年版，第3页。

道德理念等，可以为人们认识和改造世界提供有益启迪，可以为治国理政提供有益启示，也可以为道德建设提供有益启发。对传统文化中适合于调理社会关系和鼓励人们向上向善的内容，我们要结合时代条件加以继承和发扬，赋予其新的涵义。"[①]

二、不是简单套用马克思主义经典作家设想的模板

中国式现代化以马克思主义及其中国化时代化理论成果为根本指导思想，是科学社会主义在当代中国的具体实践。在《社会主义从空想到科学的发展》中，恩格斯将社会主义的基本特征概括为五个方面：一是生产资料由社会占有，以从根本上解决资本主义的基本矛盾；二是生产力充分发展，为社会的全面发展进步提供物质基础；三是有计划地组织社会生产，从而消除生产的无政府状态；四是消灭阶级和阶级差别，国家自行消亡；五是人们成为自然界和社会的主人，实现真正的自由全面发展。这些基本特征是科学社会主义基本原则的重要组成部分，一直为世界社会主义运动所遵循，中国的社会主义实践也不例外。但是，由于我国社会主义初级阶段的基本国情不同于马克思、恩格斯所预示的那个社会主义的现实基础，所以中国共产党人并没有选择简单套用马克思主义经典作家所设想

[①] 习近平：《在纪念孔子诞辰 2565 周年国际学术研讨会暨国际儒学联合会第五届会员大会开幕会上的讲话》，人民出版社 2014 年版，第 7 页。

的模板，而是坚持共性与个性的辩证统一，选择走具有中国特色的社会主义道路，即中国式现代化道路。

　　一方面，中国特色社会主义坚持了社会主义的共性：坚持马克思主义理论的指导、坚持共产主义远大理想、坚持解放和发展生产力、坚持共同富裕、坚持人民当家作主；另一方面，中国特色社会主义又体现了社会主义的个性，坚持把马克思主义基本原理同中国具体实际相结合、同中华优秀传统文化相结合，采取公有制为主体、多种所有制经济共同发展的所有制结构，实行按劳分配为主体、多种分配方式并存的分配制度，将计划和市场两种经济手段相结合，以先富带动后富逐步实现共同富裕……中国特色社会主义与马克思主义经典作家所设想的那个社会主义存在一定的差别，但这并不是说中国特色社会主义背离了科学社会主义基本原则。中国特色社会主义是科学社会主义理论逻辑和中国社会发展历史逻辑的辩证统一，是根植于中国大地、反映中国人民意愿、适应中国和时代发展进步要求的科学社会主义。

　　正是因为中国特色社会主义道路既坚持了科学社会主义的基本原则，又根据我国实际和时代特征赋予了其鲜明的中国特色，实现了"中国特色"与"社会主义"的有机统一，其才能引领当代中国的一切发展进步，成为中国实现社会主义现代化、创造人民美好生活的必由之路。

三、不是其他国家社会主义实践的再版

在 20 世纪现代社会主义生产方式出现以前，资本主义生产方式作为唯一的现代生产方式，开启并一直主导着世界现代化进程，"现代化"一度被等同于"西方化""资本主义化"。1917 年十月革命的胜利冲破了资本主义现代化的牢笼，让世界看到了新的希望。苏联作为人类历史上第一个社会主义国家，在其长期社会主义实践中形成的现代化模式，无疑具有高度的示范性和引领性。苏联模式是在资本主义包围中进行社会主义建设这一特定历史条件下，形成的一种适应战争与革命时代主题的发展模式。尽管这种现代化模式曾经显示出优于资本主义的方面，但是随着时代主题转化为和平与发展，苏联模式的缺陷和弊端日益成为其实现社会主义现代化的障碍。

经济方面，超越发展阶段，过早地推行单一的生产资料公有制结构，实行高度集中的指令性计划经济体制并排斥市场；政治方面，以权力高度集中和行政强制为特征，忽视社会主义民主建设，甚至出现个人专断，严重破坏社会主义法制；文化方面，教条式地对待马克思主义，思想僵化，理论创新严重不足；对外关系方面，实行大国沙文主义，在社会主义阵营内部以老大哥自居，到处推行苏联社会主义模式……在苏共领导人认识到这一模式的弊端并尝试进行改革时，又因为一系列政治和经济、内部和外部、主观和客观、现实和历史原因，苏联模式最终背叛了马克思列宁主义的基本原则，

把国家引入了歧途。

之所以说中国式现代化不是苏联社会主义实践的再版，是因为中国式社会主义现代化道路实现了对苏联社会主义现代化模式的超越。中国式现代化的社会主义市场经济，超越了苏联模式的高度集中的指令性计划经济；中国式现代化的民主与法治，超越了苏联模式的无视社会主义民主与法制；中国式现代化的改革开放，超越了苏联模式的封闭僵化；中国式现代化的和平发展，超越了苏联模式的大国霸权主义……苏联解体、东欧剧变后，"社会主义好像被削弱了，但人民经受锻炼，从中吸收教训，将促使社会主义向着更加健康的方向发展"[①]。从这个意义上说，中国式现代化是在和平与发展成为时代主题的历史条件下，在我国改革开放和社会主义现代化建设的实践中，在总结我国社会主义胜利和挫折的历史经验并借鉴其他社会主义国家兴衰成败历史经验的基础上，逐步形成和发展起来的一种全新的社会主义现代化模式。

四、不是国外现代化发展的翻版

现代化是一个世界性发展进程，是人类历史发展的必经之路，由于各个国家的国情民情不同、历史文化传统不同，走向现代化的

---

① 《邓小平文选》第三卷，人民出版社 1993 年版，第 383 页。

时机抉择、道路选择和制度安排也不尽相同。西方发达国家的现代化主要是自身社会内部现代性因子不断生长、积累和发展的结果，其现代化的进程是自发的、循序渐进的，属于"早发内生型"现代化。中国现代化的启动时间远远晚于早发国家，是在资本主义对外扩张过程中，天朝上国那种完全与世隔绝的状态"通过英国而为暴力所打破的时候"①，才开始现代化道路的探索，属于"后发外生型"现代化，其所面临的现代化任务之重、矛盾问题之复杂、风险挑战之多，也是以往一切国家的现代化不可比拟的。

从中国社会主义现代化发展规律来看，中国式现代化同西方现代化有很大不同。西方现代化是一个"串联式"的发展过程，工业化、信息化、城镇化、农业现代化顺序发展，发展到目前水平用了二百多年时间。我们要想后来居上，把"失去的二百年"找回来，就必须把"串联式"的发展过程改变为"并联式"的发展过程，即工业化、信息化、城镇化、农业现代化叠加发展。现代化的历史起点和逻辑起点决定了中国式现代化道路不可能是国外现代化发展模式的翻版，只能是具有鲜明中国特色的创新版。近代中国试图照搬资本主义发展模式却全部走向失败的历史也证明了，只有社会主义才能救中国，只有社会主义才能发展中国，只有走中国式现代化道路才能推进中华民族伟大复兴。

---

① 《马克思恩格斯文集》第二卷，人民出版社 2009 年版，第 609 页。

中国式现代化道路具有区别于资本主义现代化道路的本质特征，它是以公有制为基础的现代化，体现出经济文化落后国家的现代化规律、社会主义初级阶段的现代化规律、人口规模巨大的现代化规律、全体人民共同富裕的现代化规律、物质文明和精神文明相协调的现代化规律、人与自然和谐共生的现代化规律、走和平发展道路的现代化规律。中国式现代化道路不仅克服了资本主义现代化的固有弊端，而且打破了发展中国家对资本主义现代化道路的依赖。"实践表明，中国式现代化新道路越走越宽广，将更好发展自身、造福世界。"①

五、社会主义并没有定于一尊、一成不变的套路

1916 年，列宁在《论面目全非的马克思主义和"帝国主义经济主义"》一文中指出，每个民族走向社会主义的道路都会有自己的特点，"美、英、法、德这些先进的帝国主义国家的政治形式更加各不相同，虽然它们在本质上是一样的。在人类从今天的帝国主义走向明天的社会主义革命的道路上，同样会表现出这种多样性。一切民族都将走向社会主义，这是不可避免的，但是一切民族的走法却不会完全一样，在民主的这种或那种形式上，在无产阶级专政的这种

---

① 《习近平给"国际青年领袖对话"项目外籍青年代表回信》，《人民日报》2021 年 8 月 12 日第 1 版。

或那种形态上，在社会生活各方面的社会主义改造的速度上，每个民族都会有自己的特点"①。如前文所述，中国式现代化与西方现代化的本质区别在于，中国式现代化在性质上属于社会主义，是超越了资本主义现代化路径的更为完备的现代化模式。邓小平多次强调中国的现代化与社会主义的内在联系以及走自己的路的重要性，指出："中国式的现代化，必须从中国的特点出发"②，"我们搞四个现代化建设，人们常常忘记是什么样的四个现代化，是社会主义的四个现代化"③，"我们搞的现代化，是中国式的现代化。我们建设的社会主义，是有中国特色的社会主义。我们主要是根据自己的实际情况和自己的条件，以自力更生为主"。④ 中国式现代化道路的实践印证了列宁的判断，这条现代化道路找到了一种既遵循社会主义发展规律又符合中国基本国情的现代化模式，成功把"社会主义"和"现代化"结合起来，实现了社会主义发展道路一致性和多样性的辩证统一。

在探索现代化的过程中，中国没有盲从资本主义现代化，也没有对苏联社会主义现代化模式亦步亦趋，在思想认识上经历了一个从向苏联学习到以苏为戒、超越苏联模式的发展历程，最终深刻认识到中国式现代化道路的独特性正是在于它立足于中国实际，与中

①《列宁选集》第二卷，人民出版社 2012 年版，第 777 页。
②《邓小平文选》第二卷，人民出版社 1994 年版，第 164 页。
③《邓小平文选》第三卷，人民出版社 1993 年版，第 173 页。
④《邓小平文选》第三卷，人民出版社 1993 年版，第 29 页。

国国情相契合。习近平总书记指出："我们所推进的现代化，既有各国现代化的共同特征，更有基于国情的中国特色"[1]，强调"我们的任务是全面建设社会主义现代化国家，当然我们建设的现代化必须是具有中国特色、符合中国实际的"[2]。如今，中国正全速奔跑在现代化的赛道上，从"现代化的迟到国"成为"世界现代化的增长极""最大的经济和社会变革的实验室"。从社会主义的自身发展逻辑和中国式现代化所取得的成就来看，各个国家的现代化事业具有各自不同的起点、形态和发展历程，不存在一成不变的套路，所以中国式现代化并不是定于一尊的现代化模式，也没有确立放之四海而皆准的现代化标准。中国十分乐意广大发展中国家和已经实现现代化的发达国家将中国式现代化作为参考和借鉴，也致力于为世界现代化事业贡献更多更好的中国智慧、中国方案、中国力量，但绝不支持照搬照抄中国的现代化模式，其结果只能是因为"水土不服"而走向失败。

第三节　中国式现代化的具体实践

2014 年，习近平总书记在省部级主要领导干部学习贯彻十八届三中全会精神全面深化改革专题研讨班上指出："我国的实践向世界

---

[1]《习近平谈治国理政》第四卷，外文出版社 2022 年版，第 123 页。
[2]《习近平谈治国理政》第四卷，外文出版社 2022 年版，第 164 页。

说明了一个道理：治理一个国家，推动一个国家实现现代化，并不只有西方制度模式这一条道，各国完全可以走出自己的道路来。可以说，我们用事实宣告了'历史终结论'的破产，宣告了各国最终都要以西方制度模式为归宿的单线式历史观的破产。"① 面对西方资本主义的长期围攻、污蔑、威胁，中国共产党团结带领中国人民以"千磨万击还坚劲，任尔东西南北风"的定力与自信，坚定不移走中国式现代化道路，通过创造世所罕见的经济快速发展奇迹和社会长期稳定奇迹，向世界证明了西方理论、西方话语并非金科玉律，没有一种一成不变的道路可以引导所有民族实现发展振兴，只有把国家和民族发展放在自己力量的基点上，探索出适合自己实际的道路的民族才能实现繁荣富强，成功地走向现代化。

一、"历史终结论"和"别无选择论"的终结

20 世纪 80 年代末，美国学者弗朗西斯·福山发文宣称，作为一种政体的自由民主制度，是"人类意识形态演化的终点"和"人类政体的最后形式"，因此历史将终结于资本主义自由民主制。与之相联系的"别无选择论"则认为，由资本主义开启的现代文明进程尽管存在这样那样的问题，却是人类社会唯一成功和正确的发展逻

---

① 中共中央文献研究室编：《习近平关于社会主义政治建设论述摘编》，中央文献出版社 2017 年版，第 7 页。

辑，任何一个国家和民族想要走向文明，"除了资本主义，他们别无选择"！虽然苏联解体、东欧剧变后，"历史终结论""别无选择论"的附和、拔高之声一度甚嚣尘上，但是，这一切都将随着中国的快速发展走向终结。

马克思在分析批判资本主义社会时就深刻指出，资本主义文明的"文明面"具体表现为资本的"文明面"："资本的文明面之一是，它榨取这种剩余劳动的方式和条件，同以前的奴隶制、农奴制等形式相比，都更有利于生产力的发展，有利于社会关系的发展，有利于更高级的新形态的各种要素的创造。因此，资本一方面会导致这样一个阶段，在这个阶段上，社会上的一部分人靠牺牲另一部分人来强制和垄断社会发展（包括这种发展的物质方面和精神方面的利益）的现象将会消灭；另一方面，这个阶段又会为这样一些关系创造出物质手段和萌芽，这些关系在一个更高级的社会形式中，使这种剩余劳动能够同物质劳动一般所占用的时间的更大的节制结合在一起。"① 这说明，现代资本主义文明不仅不是文明的"终结"，而且是在为更高级的新的文明形态即社会主义和共产主义文明形态奠定基础和创造条件。在这个意义上，中国式现代化开创的人类文明新形态作为社会主义性质的文明形态，是高于资本主义文明的，是代表了人类文明新走向、新趋势的现代文明形态，它的存在和发展就

---

① 《马克思恩格斯文集》第七卷，人民出版社 2009 年版，第 927 页。

已经宣告了"历史终结论"的终结。

马克思认为，现代化不止有资本主义一条道路，经济文化落后的国家也并非必须"倒进资本主义制度的怀抱""受那些铁面无情的规律的支配"。马克思反对把"关于西欧资本主义起源的历史概述彻底变成一般发展道路的历史哲学理论"，反对"一切民族，不管它们所处的历史环境如何，都注定要走这条道路"①的观点，认为在资本主义现代化道路之外，必须也必然能够重新开辟一条非资本主义的现代化道路。中国式现代化道路就是这样一条马克思所构想的超越资本主义现代化的非资本主义现代化道路。

近年来，以美国为首的西方资本主义国家正在经历严重的现实危机，经济增长乏力、贫富两极分化拉大、民粹主义高涨、右翼极端主义思潮沉渣泛起等问题层出不穷，特别是全球新冠疫情大流行进一步加剧了资本主义文明的颓势，福山所标榜的自由民主制已经难以为资本主义国家发展提供可靠的制度保障。反观中国，从以新发展理念引领高质量发展的中国特色社会主义经济建设，到以美丽中国为目标的中国特色社会主义生态文明建设；从坚决打赢脱贫攻坚战，全面建成小康社会，到人民日益增长的美好生活需要不断得到满足；从率先控制住新冠疫情、实现经济正增长，到积极推动疫后全球经济复苏……中国式现代化道路以实实在在的发展成果使科

---

① 《马克思恩格斯选集》第三卷，人民出版社 2012 年版，第 730 页。

学社会主义在 21 世纪的中国焕发出强大生机活力，在世界上高高举起了中国特色社会主义伟大旗帜。资本主义的衰败和社会主义中国的振兴以无可辩驳的事实向人类证明了历史远未终结，终结的是"历史终结论"；世界并非别无选择，"社会主义是必由之路，社会主义优于资本主义"①，各国人民都有自主选择发展道路和社会制度的权利。

二、"西方中心论"和"文明优越论"的破产

马克思、恩格斯在《共产党宣言》中展示了在世界历史进程中资本主义文明是如何伴随资本主义生产方式在全球范围内的推广而征服其他文明形态，"按照自己的面貌为自己创造出一个世界"②的。在世界早期现代化运动过程中，资本主义生产方式的先进性推动资本主义文明走在人类文明进程的最前沿，使其在与其他相对落后民族文明的碰撞中显示出一定的优越性，进而形成"西方中心"的假象。在"西方中心论"的设想中，现代文明等于资本主义文明，现代化等于西方化，西方价值观应当统治整个世界，实现思想的征服，而东方国家只能扮演西方文明的追随者、模仿者。如果全世界真的走向西方化，只剩下西方文明一种文明形态，消除了文明的多样性，

---

① 《邓小平文选》第三卷，人民出版社 1993 年版，第 225 页。
② 《马克思恩格斯选集》第一卷，人民出版社 2012 年版，第 404 页。

那么这将是人类文明的浩劫、人类历史的悲剧。

实际上，"西方中心论""文明优越论"是资本主义实行对外扩张和推行文化霸权的话语工具，在"文明"话语的粉饰下，它力求使全世界相信，人类文明终将沿着资本主义文明所划定的方向前进，在本质上就是一种"殖民意识形态"的文明观。[①]"中国之治"与"西方之乱"的强烈对比已经说明，"西方中心论"下的现代资本主义文明早已丧失其相较于其他文明形态的显著优越性，并且成为人类文明进步的阻碍；旧的全球治理理念和模式越来越难以适应新的国际格局和时代潮流，中国式现代化道路所倡导构建的人类命运共同体，才是世界各国人民的前途所在，才是引领时代潮流和人类前进方向的鲜明旗帜。在人类命运共同体中，世界文明共生共存，共同发展，没有高低贵贱之分；不同文明之间取长补短、共同进步，文明交流互鉴成为推动人类社会进步的动力、维护世界和平的纽带，文明差异不再是世界冲突的根源，而成为人类文明进步的动力。

"物之不齐，物之情也。"中国式现代化创造的人类文明新形态打破文明形态发展的"西方中心论""文明优越论"，树立起平等、互鉴、对话、包容的文明观，不断推动以文明交流超越文明隔阂，以文明互鉴超越文明冲突，以文明共存超越文明优越。习近平总书记指出："对人类社会创造的各种文明，无论是古代的中华文明、希

---

① 赵坤、刘同舫：《从"文明优越"到"文明共生"——破解"西方中心论"》，《理论视野》2021 年第 2 期。

腊文明、罗马文明、埃及文明、两河文明、印度文明等，还是现在的亚洲文明、非洲文明、欧洲文明、美洲文明、大洋洲文明等，我们都应该采取学习借鉴的态度，都应该积极吸纳其中的有益成分，使人类创造的一切文明中的优秀文化基因与当代文化相适应、与现代社会相协调，把跨越时空、超越国度、富有永恒魅力、具有当代价值的优秀文化精神弘扬起来。"[①] 不同的文明之间应当是相互依存、相互确证、共同存在、共同发展的共同体关系，任何文明形态都不具有绝对和永恒的优越性；中国式现代化和人类文明新形态无论发展到何种程度都决不会制造什么"中国中心论""东方中心论"，也决不会把其他文明边缘化，用强制手段来解决文明差异。只有坚持和而不同、求同存异，才能实现多元文明和谐共处，人类文明永续发展。

三、"普世价值论"和"中国威胁论"的退场

所谓"普世价值"，就是资产阶级自我标榜的超越阶级、超越国家、超越历史的，任何人、任何社会、任何时代都认同和适用的资产阶级价值观。长期以来，西方国家总是披着"自由""民主""人权"的外衣，行不自由、不民主、破坏人权之事，目的就是争夺人

[①] 习近平：《在纪念孔子诞辰 2565 周年国际学术研讨会暨国际儒学联合会第五届会员大会开幕会上的讲话》，人民出版社 2014 年版，第 10 页。

心，推销资本主义政治制度和价值观念。"普世价值"作为资本主义私有制的产物，是资本主义私有制经济关系在意识形态上的反映，这些被宣称能够超越阶级、超越时空的资产阶级价值观念不过是空中楼阁，具有强烈的欺骗性。

"'普世价值论'者不遗余力宣扬这样一种逻辑：现代化道路只有一条，现代国家的架构只有一种，正确价值观也只有一个，全盘西化才是人类唯一的前途和出路；在这种逻辑下，'顺我者昌，逆我者亡'，对不符合这个评价标准的，横加干涉甚至武力侵略，美其名曰'改造'。"[1]在"普世价值论"者看来，中国社会出现的所有问题都要归因于马克思主义、社会主义制度以及中国共产党的领导，中国只有接受"普世价值"，按照西方模式进行改造，才能拥有光明和美好的未来。然而，"中国共产党人和中国人民完全有信心为人类对更好社会制度的探索提供中国方案"[2]。中国式现代化和人类文明新形态为人类现代文明创造出了一种新的发展方式、新的存在方式，中国特色社会主义取得的伟大成就获得了世界各国人民的认可与赞赏，进一步证明了世界上根本不存在所谓"普世主义"的现代化模式，也没有一成不变的发展道路，跳出西方资本主义发展模式，中国以及其他发展中国家照样可以实现繁荣与强大。

中国共产党拒绝接受西方普世价值，在筚路蓝缕的 100 多年历

---

[1] 任晓山：《坚定价值观自信——认清"普世价值论"的实质》，《红旗文稿》2020 年第 9 期。
[2] 《习近平谈治国理政》第二卷，人民出版社 2017 年版，第 37 页。

史进程中，领导中国人民独立自主探索出了中国式现代化道路，向全世界宣告通往现代化并非只有西方资本主义一条路，这无疑让西方发达国家诚惶诚恐。特别是在资本主义"国强必霸""赢者通吃"的霸权逻辑下，老牌资本主义发达国家始终认为中国强大之后必然会与之争夺世界霸主的地位，从而在国际上不断传播渲染中国威胁、中国争霸的论调。古往今来，中华民族都是热爱和平、不尚暴力的民族，对其他民族从不采取敌对态度，更不主张刀兵相加，而是强调以仁政"陶冶万物，化正天下"，追求"百姓昭明，协和万邦"。中国共产党深知，"胜利了的无产阶级不能强迫他国人民接受任何替他们造福的办法，否则就会断送自己的胜利"①。习近平总书记强调："无论发展到哪一步，中国都永远不称霸、永远不搞扩张，永远不会把自身曾经经历过的悲惨遭遇强加给其他民族。"②"中国反对各种形式的霸权主义和强权政治，不干涉别国内政，永远不称霸，永远不搞扩张。"③"我们过去没有，今后也不会侵略、欺负他人，不会称王称霸。"④"中国奉行防御性的国防政策，中国的发展是世界和平力量的增长，无论发展到什么程度，中国永远不称霸、永远不搞

①《马克思恩格斯文集》第十卷，人民出版社 2009 年版，第 481 页。
② 习近平：《坚定信心 共克时艰 共建更加美好的世界——在第七十六届联合国大会一般性辩论上的讲话》，人民出版社 2021 年版，第 6 页。
③《习近平谈治国理政》第一卷，外文出版社 2018 年版，第 267 页。
④《习近平谈治国理政》第四卷，外文出版社 2022 年版，第 470 页。

扩张。"① 中国式现代化不认同也不接受"国强必霸"的资本主义发展逻辑，中国在实现现代化的过程中将始终秉持把自身发展与世界发展结合起来的浩然正气和大国担当，始终做世界和平的建设者、全球发展的贡献者、国际秩序的维护者、公共产品的提供者，推动建设一个持久和平、普遍安全、共同繁荣、开放包容、清洁美丽的世界，不断以中国的新发展为世界提供新机遇。

在历史洪流中，"我们党领导人民不仅创造了世所罕见的经济快速发展和社会长期稳定两大奇迹，而且成功走出了中国式现代化道路，创造了人类文明新形态。这些前无古人的创举，破解了人类社会发展的诸多难题，摒弃了西方以资本为中心的现代化、两极分化的现代化、物质主义膨胀的现代化、对外扩张掠夺的现代化老路，拓展了发展中国家走向现代化的途径，为人类对更好社会制度的探索提供了中国方案"②。"普世价值论""中国威胁论""文明优越论""历史终结论"以及"马克思主义过时论""社会主义崩溃论"等无稽之谈，都将随着中国式现代化的行稳致远和人类文明新形态的繁荣发展而走向破产，中国现代化事业将在"美人之美，美美与共"中不断取得新的历史性突破。

---

① 习近平：《高举中国特色社会主义伟大旗帜 为全面建设社会主义现代化国家而团结奋斗——在中国共产党第二十次全国代表大会上的讲话》，人民出版社 2022 年版，第 60—61 页。
② 习近平：《以史为鉴、开创未来 埋头苦干、勇毅前行》，《求是》2022 年第 1 期。

第四章
中国式现代化的基本要求

作为全面建设社会主义现代化强国的政治宣言和行动纲领，党的二十大报告深刻揭示了中国式现代化的本质要求，即坚持中国共产党领导，坚持中国特色社会主义，实现高质量发展，发展全过程人民民主，丰富人民精神世界，实现全体人民共同富裕，促进人与自然和谐共生，推动构建人类命运共同体，创造人类文明新形态。这些本质要求从领导力量、指导思想、发展目标、使命担当四个方面，对中国式现代化作了明确的要求和规定。

中国式现代化作为我们党的一项长期的发展目标并不是完成时，而是正在进行着的、动态发展着的过程。根据党的二十大报告所擘画的宏伟蓝图，我们要在 2035 年基本实现社会主义现代化，到本世纪中叶时，把我国建成富强民主文明和谐美丽、综合国力和国际影响力领先的社会主义现代化强国。中国式现代化道路是这一宏伟蓝图和发展目标的实现路径，这条道路贯通历史，是我们党领导全国各族人民经过长期的艰辛探索才创造出来的成功道路；这条道路指向未来，是引领实现中华民族伟大复兴的必由之路。

党的二十大报告关于中国式现代化本质要求的规定，客观上回答了新征程上我们所走的中国式现代化道路要由谁来领导，举什么旗帜，实现什么样的发展目标，对世界乃至全人类要担当起什么样的责任使命。这些本质要求贯穿于中国式现代化的各个维度，也是走中国式现代化需要贯彻的根本要求。

第一节　坚持党的领导是中国式现代化的政治保证

党的二十大报告强调："中国式现代化，是中国共产党领导的社会主义现代化。"中国共产党的领导是中国式现代化的根本特征，是走好中国式现代化道路的必然要求和根本保证，坚持党的领导明确了全面建设社会主义现代化国家新征程上的领导力量要求。可以说，坚持党的领导是中国式现代化发展最关键和最重要的要求，直接决定了中国式现代化的发展方向、发展成效与发展前景。

一、党的领导关乎中国式现代化的根本方向

党的领导决定中国式现代化的根本性质。2023 年 2 月 7 日，习近平总书记在学习贯彻党的二十大精神研讨班开班式上发表重要讲话强调："党的领导直接关系中国式现代化的根本方向、前途命运、最终成败。党的领导决定中国式现代化的根本性质，只有毫不动摇坚持党的领导，中国式现代化才能前景光明、繁荣兴盛；否则就会偏离航向、丧失灵魂，甚至犯颠覆性错误。"[①]

坚持党的领导能够为走好中国式现代化提供科学指导思想。党的二十大报告明确指出："马克思主义是我们立党立国、兴党兴国的

[①]《习近平在学习贯彻党的二十大精神研讨班开班式上发表重要讲话强调 正确理解和大力推进中国式现代化》，《人民日报》2023 年 2 月 8 日第 1 版。

根本指导思想。实践告诉我们，中国共产党为什么能，中国特色社会主义为什么好，归根到底是马克思主义行，是中国化时代化的马克思主义行。"马克思主义作为科学的世界观和方法论，深刻揭示了人类社会发展的一般规律，深刻批判了资本主义社会的剥削和压迫，深刻阐释了资本主义必然灭亡和社会主义必然胜利的内在逻辑，科学指明了人类社会形态演进的基本规律和光明前景，为无产阶级政党认识和改造世界提供科学遵循和理论指导，也为先进的马克思主义政党创造新的不同于西方的现代化提供了理论支撑和方向指引。马克思主义理论的显著特征之一便是与时俱进，这也是其能保持旺盛生命力的重要原因。

中国共产党一经成立就接受了系统完备的马克思主义，并在自己的奋斗实践中不断推进马克思主义基本原理同中国具体实际相结合、同中华优秀传统文化相结合，不断实现马克思主义中国化时代化。可以说，中国共产党的领导是实现马克思主义中国化时代化的根本所在，中国化时代化的马克思主义又为中国的现代化发展提供思想指导和理论遵循。从以毛泽东同志为主要代表的中国共产党人对如何在一个人口多、底子薄的中国进行现代化建设的初步探索，到以邓小平同志为主要代表的中国共产党人首次提出"中国式的现代化"和中国现代化发展的"三步走"战略，再到逐步形成中国特色社会主义理论体系，为推进新时期改革开放和社会主义现代化建设提供了新的理论指导。进入新时代，以习近平同志为主要代表的中国共产党人在总结党的百年历史经验的基础上，立足新时代我们党面对的世情国情党情，围绕实现中华民族伟大复兴的宏伟目标，就建设什么样的社会主义现代化强国、怎样建设社会主义现代化强国，提出一系列新理念新思想新战略，为推进中国式现代化建设提供强大思想武器。党的领导不仅有力保证和充分实现了马克思主义中国化时代化发展，还为充分激活中国化时代化马克思主义的理论潜能提供根本保证，为以马克思主义为理论底色推进中国式现代化建设提供根本保证。

坚持党的领导为走好中国式现代化提供正确方向保证。从人类的现代化发展历程来看，现代化潮流最早发生在西欧。18—19 世纪，世界范围内的现代生产力革命在欧洲上演，随着生产力的不断发展和工业化运动范围的不断扩大，越来越多的国家走上现代化道路。实际上，西方国家通向现代化变革的道路本质上属于资本主义发展模式，与这一进程相伴随的是资本主义的迅猛发展。而资本主义本身带有殖民性和扩张性，马克思、恩格斯在《共产党宣言》中科学描述了资本主义发展的历史过程，指出"资产阶级，由于一切生产工具的迅速改进，由于交通的极其便利，把一切民族甚至最野蛮的民族都卷到文明中来了"，"它迫使一切民族——如果它们不想灭亡的话——采用资产阶级的生活方式；它迫使它们在自己那里推行所谓的文明，即变成资产者。一句话，它按照自己的面貌为自己创造出一个世界"。[①] 可以说，在十月革命之前，人类的现代化发展模式和方向本质上都属于资本主义性质。十月革命的胜利，使经济文化相对落后的国家率先建立起社会主义制度，开创了人类现代化发展的新模式。"俄国是在世界资本主义第一次发展性危机的特殊历史条件下实现了从旧模式向新模式的转换的。资本主义经济危机与政治敌视迫使它采用非常手段进行资源配置与社会动员，选择了重工业优先的工业化。"[②] 苏联（俄）的现代化发展模式在西方经济危机时期展现出独特的优越性，对于其他经济文化相对落后的国家走社会主义现代化道路具有一定的示范效应和借鉴意义。然而，由于各种原因这种现代化发展模式并未取得最终胜利。

　　中国式现代化是由中国共产党领导开创的以社会主义为本质属性和目标归旨的现代化道路。它既不同于西方现代化的发展模式，也不同于苏联（俄）的现代化道路。正是在中国共产党的正确领导和科学谋划下，中国式现代化才得以开辟，现代化发展才能够稳步前进、不断取得新的突破。中国共产党是中国式现代化的开创者、领导者、推动者和掌舵者，党的领导是中国式现代化发展的最大优势。唯有加强党的领导，充分发挥中国共产党主心骨和顶梁柱的重要作用，中国式现代化才能够不断向前发展，取得新的突破和进展。

---

① 《马克思恩格斯选集》第一卷，人民出版社 2012 年版，第 404 页。
② 罗荣渠：《现代化新论——中国的现代化之路》，华东师范大学出版社 2012 年版，第 337 页。

二、党的领导关乎中国式现代化的最终成败

中国共产党的领导是中国式现代化的本质特征。首先，中国共产党的领导是中国实现现代化的根本保证，也是中国式现代化得以成功开辟的密钥。与西方发达国家不同，中国现代化进程的开启不是本国资本主义经济发展所带来的自然而然的结果，而是在西方国家的入侵和压迫下被迫开启的。这一历史背景客观决定了中国现代化的推进需要解决的第一个至关重要的问题就是结束中国半殖民地半封建社会的状态，实现国家独立、人民解放。历史证明，除了中国共产党之外，没有任何其他政党能够担此重任。新中国成立之后，中国现代化进程的推进又必须要解决在外有西方霸权主义环伺、内有经济文化相对落后的情况下，如何较快地实现国家的社会主义工业化问题，这一问题的解决只有在以马克思主义为指导、以实现共产主义为奋斗目标的中国共产党的领导下才能实现。我们党领导建立的社会主义制度具有集中力量办大事的显著优势，使得中国仅用几十年时间就走完西方发达国家几百年走过的工业化历程，创造了经济快速发展和社会长期稳定两大奇迹。在党的100多年奋斗历程中，我们党始终坚持为中国人民谋幸福、为中华民族谋复兴，以自身的先进性、纯洁性和强大的领导力、凝聚力、组织力和动员力，成为推进中国式现代化的先锋力量。中国式现代化的每一次重大进展、重大突破都是在中国共产党的领导下取得的。中国共产党的领

导是推进中国现代化事业的最大优势，是中国式现代化发展的坚强依靠和保障。

中国共产党的领导为中国式现代化注入不竭动力、凝聚磅礴力量。习近平总书记指出："党的领导激发建设中国式现代化的强劲动力，我们党勇于改革创新，不断破除各方面体制机制弊端，为中国式现代化注入不竭动力。"[①] 进入新时代，中国式现代化建设面临着开启全面建设社会主义现代化强国这一重大而紧迫的时代命题，坚持和加强党的全面领导，充分发挥党的领导作用是全面建设社会主义现代化国家的必然要求。习近平总书记强调："党的领导凝聚建设中国式现代化的磅礴力量，我们党坚持党的群众路线，坚持以人民为中心的发展思想，发展全过程人民民主，充分激发全体人民的主人翁精神。"[②]

第二节　中国特色社会主义体现中国式现代化的质的规定性

党的二十大报告指出，坚持中国特色社会主义是中国式现代化的本质要求之一。中国特色社会主义是改革开放以来中国取得历史性成就的关键所在，是中国式现代化得以开辟、发展和推进的关键

---

① 《习近平在学习贯彻党的二十大精神研讨班开班式上发表重要讲话强调 正确理解和大力推进中国式现代化》，《人民日报》2023 年 2 月 8 日第 1 版。
② 《习近平在学习贯彻党的二十大精神研讨班开班式上发表重要讲话强调 正确理解和大力推进中国式现代化》，《人民日报》2023 年 2 月 8 日第 1 版。

所在。习近平总书记指出："实践告诉我们，中国共产党为什么能，中国特色社会主义为什么好，归根到底是马克思主义行，是中国化时代化的马克思主义行。"2022年新修订的党章深刻揭示了改革开放以来中国发展取得历史性成就的原因，强调"改革开放以来我们取得一切成绩和进步的根本原因，归结起来就是：开辟了中国特色社会主义道路，形成了中国特色社会主义理论体系，确立了中国特色社会主义制度，发展了中国特色社会主义文化。全党同志要倍加珍惜、长期坚持和不断发展党历经艰辛开创的这条道路、这个理论体系、这个制度、这个文化，高举中国特色社会主义伟大旗帜，坚定道路自信、理论自信、制度自信、文化自信，发扬斗争精神，增强斗争本领，贯彻党的基本理论、基本路线、基本方略，为实现推进现代化建设、完成祖国统一、维护世界和平与促进共同发展这三大历史任务，实现第二个百年奋斗目标、实现中华民族伟大复兴的中国梦而奋斗"[①]。

一、科学理论指导是中国式现代化形成的理论前提和保证

列宁曾指出："没有革命的理论，就不会有革命的运动。"[②] 思想理论是物质实践的先导，对于实践具有重要指导作用，任何成功的

---

① 《中国共产党党章》，人民出版社2022年版，第6-7页。
② 《列宁全集》第二卷，人民出版社2013年版，第445页。

实践都离不开正确理论的指导。回顾中国的现代化发展历程，中国共产党成立之前关于中国的现代化的探索主要是由非马克思主义思想理论指导的。虽然许多仁人志士提出了各式各样的方案，但是在实践中接连碰壁，最终都走向失败。马克思主义传入中国，给中国的现代化探索提供了重要的理论指导。毛泽东指出："只要我们能够掌握马克思列宁主义的科学，信任群众，紧紧地和群众一道，并领导他们前进，我们是完全能够超越任何障碍和战胜任何困难的，我们的力量是无敌的。"[①]

中国共产党之所以能够不断地推进中国革命道路、建设道路和中国特色社会主义发展道路的探索、形成和拓展，之所以能够推进中国式现代化的形成、拓展和深化，主要得益于找到了马克思主义以及始终能够以科学的态度对待马克思主义。坚持马克思主义及其中国化时代化理论成果来指导中国的革命、建设和改革实践，这是中国式现代化得以成功开辟的制胜法宝。同时，中国共产党能始终以科学态度对待马克思主义，这也是非常重要的。这个科学的态度就是坚持和发展马克思主义。坚持是因为马克思主义是科学真理，是因为马克思主义的立场、观点和方法能够有效地用来分析问题、解决问题。发展是因为中国共产党对马克思主义没有采取教条主义、本本主义的态度，而是采取实事求是、解放思想、与时俱进和求真

[①]《毛泽东选集》第四卷，人民出版社1991年版，第1260页。

务实的科学态度，坚持一切从发展变化着的中国实际出发，把马克思主义看作不断随着实践的发展而发展的科学。发展是在坚持中发展，坚持是在发展中坚持，两者都没有偏废。

党的二十大审议通过的《中国共产党章程（修正案）》，把二十大报告所确立的重大理论观点和重大战略思想写入党章，明确提出习近平新时代中国特色社会主义思想"是党和人民实践经验和集体智慧的结晶，是中国特色社会主义理论体系的重要组成部分，是全党全国人民为实现中华民族伟大复兴而奋斗的行动指南，必须长期坚持并不断发展。"[①] 正是在科学理论的指导下，中国共产党才能够团结带领中国人民在建设社会主义现代化国家，实现中华民族伟大复兴的伟大征途中克服一个又一个艰难险阻，取得一个又一个伟大胜利。

二、在推进中国式现代化征程中高举中国特色社会主义伟大旗帜

中国特色社会主义是中国共产党领导中国人民在长期的实践探索中开创和发展而来的，是人民的选择和历史的结论。特别是进入新时代以来，一方面，中国共产党及时精准把握社会主要矛盾的深刻变化，在逐步解决主要矛盾的过程中取得了多领域、全方位的突

---

① 《中国共产党党章》，人民出版社 2022 年版，第 6 页。

破性成就；另一方面，中国特色社会主义道路开创出新篇章，形成了中国式现代化道路，创造了人类文明新形态。在新的实践创新基础上结出新的理论成果，创立了习近平新时代中国特色社会主义思想，实现了马克思主义中国化时代化新的飞跃，开辟了马克思主义中国化时代化新境界；"中国之治"的制度优势越来越彰显，中国特色社会主义的制度体系越来越成熟；传承中华优秀传统文化的精神基因、永葆革命文化的红色基因、吸收世界文化合理因素的中国特色社会主义文化越来越彰显中国特色、中国风格、中国气派，成为引领中华民族伟大复兴的强大精神动力。

中国特色社会主义创造了中国式现代化。习近平总书记强调，中国特色社会主义是实现中华民族伟大复兴的必由之路，强调以中国式现代化推进中华民族伟大复兴。习近平总书记在庆祝中国共产党成立 100 周年大会上指出："我们坚持和发展中国特色社会主义，推动物质文明、政治文明、精神文明、社会文明、生态文明协调发展，创造了中国式现代化新道路，创造了人类文明新形态。"[①] 可以说，中国特色社会主义创造了中国式现代化。从中国式现代化的发展历程和主要特征来看，这条道路既不同于西方现代化模式，也不是苏联发展社会主义现代化道路在中国的翻版，而是中国共产党立足于中国实际，结合中国国情而开辟出来的，以建成中国特色社会

① 习近平：《在庆祝中国共产党成立 100 周年大会上的讲话》，人民出版社 2021 年版，第 13 页。

主义现代化强国为目标的发展道路，是一条通过中国特色社会主义走向现代化、实现现代化文明新形态的社会主义道路。"中国特色社会主义的成功，雄辩地证明马克思主义跨越'卡夫丁峡谷'实现现代化的非资本主义道路，创建社会主义人类文明新形态，是可能的，也是现实的。"① 我们必须始终不渝坚持和发展中国特色社会主义，唯有中国特色社会主义才能发展中国，唯有坚持和发展中国特色社会主义才能为建设中国特色社会主义现代化强国提供源源不断的思想伟力。

继续坚持把马克思主义基本原理同中国具体实际相结合、同中华优秀传统文化相结合，不断推进马克思主义中国化时代化。历史和现实的经验证明，马克思主义发挥作用，必须以各个国家和民族的革命、建设与发展的实际为依托，也就是说，只有把马克思主义基本原理同具体国情相结合，马克思主义才能转变为巨大的指导力与推动力。中国共产党一贯坚持把马克思主义基本原理同中国具体实际相结合、同中华优秀传统文化相结合。中国革命、建设、改革的具体实践充分证明，凡是马克思主义基本原理同中国具体实际、同中华优秀传统文化结合得好的时候，我们党的事业就胜利，就能得到发展；反之，我们党的事业就遭到挫折，就会遭遇失败。无论是农村包围城市、武装夺取政权的革命道路，还是中国社会主义改

① 王伟光：《中国特色社会主义创造"人类文明新形态"和"中国式现代化道路"》，《哲学研究》2022年第9期。

造、中国特色社会主义道路，都是马克思主义基本原理同中国具体实际相结合、同中华优秀传统文化相结合的产物。把马克思主义基本原理同中国革命、建设、改革和新时代特征相结合，是中国共产党长期坚持的一条普遍原理。把这一原理贯彻下去，不断地推进马克思主义中国化时代化，实现马克思主义理论的与时俱进，是全面建设社会主义现代化强国，实现中华民族伟大复兴的根本所在。

第三节　实现"五位一体"协调发展是中国式现代化的发展目标

中国式现代化的本质要求其中五条是：实现高质量发展，发展全过程人民民主，丰富人民精神世界，实现全体人民共同富裕，促进人与自然和谐共生。这五个方面明确了中国式现代化的发展目标，中国式现代化的发展目标是美好的，拥有光明前景；也是具体的，需要中国共产党团结带领人民不懈奋斗才能实现。党的二十大报告从中国维度、世界维度和人类文明发展维度对中国式现代化的发展目标进行了阐释和论述，为科学把握中国式现代化发展实践历程的主题主线提供了重要参照，更为当前和今后继续推进社会主义现代化强国建设提供了基本遵循和目标引领。

2012 年，党的十八大报告提出要"把生态文明建设放在突出地位，融入经济建设、政治建设、文化建设、社会建设各方面和全过程"①。中国特色社会主义生态文明建设被正式纳入中国特色社会主义建设总体布局之中，形成"五位一体"协调发展的基本格局。党的十八大以来，以习近平同志为核心的党中央坚定不移统筹推进"五位一体"协调发展，对经济建设、政治建设、文化建设、社会建设、生态文明建设五个方面进行系统规划和全面推进，以推进中国社会主义现代化事业，实现中华民族伟大复兴。在社会主义现代化发展进程中，经济建设、政治建设、文化建设、社会建设和生态文明建设是相互联系，密不可分的，每一方面既在整体中有其特有的地位和功能，相互之间又互为条件，相互联系、相互贯通、相互依存。实现"五位一体"协调发展既符合中国特色社会主义发展的内在要求，又彰显了中国式现代化的显著优越性。

一、经济建设上实现高质量发展

明确社会主义市场经济建设目标。进入新时代，我国社会的主要矛盾已经转化为人民日益增长的美好生活需要和不平衡不充分的发展之间的矛盾。面对新的历史环境，站在新的历史方位上，实现高质量发展是适应社会主要矛盾变化而提出的重要战略，是推动新时代中国特色社会主义现代化建设必须长期遵循的战略规划，也是

①《十八大以来重要文献选编》上，中央文献出版社2014年版，第46页。

全面建设社会主义现代化国家的首要任务。高质量发展这一战略目标有着十分丰富的内涵，首先就是要求经济建设、政治建设、文化建设、社会建设、生态文明建设"五位一体"的全方位协调发展，同时在经济建设方面还有更加明确、更加具体的发展要求。党的二十大报告指出，未来五年是全面建设社会主义现代化国家开局起步的关键时期，这五年在经济建设方面的主要目标是："经济高质量发展取得新突破，科技自立自强能力显著提升，构建新发展格局和建设现代化经济体系取得重大进展；改革开放迈出新步伐，国家治理体系和治理能力现代化深入推进，社会主义市场经济体制更加完善，更高水平开放型经济新体制基本形成。"以2035年为全面建设社会主义现代化国家征程中一个重要历史节点，提出到2035年我国在经济建设方面的总体目标是："经济实力、科技实力、综合国力大幅跃升，人均国内生产总值迈上新的大台阶，达到中等发达国家水平；实现高水平科技自立自强，进入创新型国家前列；建成现代化经济体系，形成新发展格局，基本实现新型工业化、信息化、城镇化、农业现代化。"

以实现高质量发展满足人民群众对美好生活的向往和期待。在经济文化相对落后的国家推进现代化建设事业，发展才是解决各种问题的关键密钥，也是我们党执政兴国的第一要务。没有坚实的物质技术基础，就不可能全面建成社会主义现代化强国。习近平总书记强调："坚持发展是硬道理的战略思想，坚持以经济建设为中心。"① 面对新时代我国社会主要矛盾的深刻变化，唯有实现高质量发展才能够满足人民群众对美好生活的向往，才能够满足人民群众对教育、医疗、环境、养老、就业等方面的更高要求和更好期待，才能让人民过上更高质量的生活。

以实现高质量发展赶超西方发达资本主义国家。当前，世界百年未有之大变局正在加速演进，世界之变、历史之变、时代之变正在以前所未有的方式展开，世界步入动荡变革期，经济实力对比"东升西降"的趋势非常明显。中国的发展面临着前所未有的机遇和挑战，特别是随着新一轮工业革命的不断发展，新技术革命成果的广泛应用推动社会生产和人民生活方式的变革，由此带来社会结构的深刻变化，在新旧矛盾交织作用下，各国政府采取了相应的国家战略，重新制定国家对外政策，一些大国甚至一反过去支持经济全球化的立场，支持逆全球化或有限全球化。此外，一大批新型市场国家的崛起也在倒逼旧有的国际贸易规则的发展和完善。这在客观上为中国参与全球治理、处理全球性问题提供了难得的机遇和重大的挑战。经过长期的不懈奋斗，中国特色社会主义取得了重大成就，中国的发展有着深厚的物质技术基础和历史经验积累，尽管高端产业、核心科技等方面还需要进一步突破创新，但整体而言中国有着非常光明的发展前景。在此背景下，唯有推动高质量发展，实现经

---

① 《习近平谈治国理政》第二卷，外文出版社 2017 年版，第 249 页。

济、政治、文化、社会、生态全方面协调发展，不断夯实社会物质技术基础，才能抓住前所未有的历史发展机遇，实现自身的历史性跨越。

二、政治建设上发展全过程人民民主

明确社会主义民主政治建设目标。人民民主是社会主义的生命，是全面建设社会主义现代化国家的应有之义。中国特色社会主义民主政治建设说到底就是要发展人民民主。党的十八大以来，以习近平同志为核心的党中央团结带领人民坚定不移走中国特色政治发展道路，全面发展全过程人民民主，全面推进社会主义民主制度化、规范化、程序化，中国特色社会主义民主政治建设取得重大成就。党的二十大在总结历史经验的基础上，结合中国的具体实际，把发展全过程人民民主确定为中国式现代化本质要求的一项重要内容，明确了未来五年我国民主政治建设的主要发展目标，即实现"全过程人民民主制度化、规范化、程序化水平进一步提高，中国特色社会主义法治体系更加完善"。对 2035 年我国社会主义民主政治建设的总体目标作出明确要求，强调要"基本实现国家治理体系和治理能力现代化，全过程人民民主制度更加健全，基本建成法治国家、法治政府、法治社会"。

以发展全过程人民民主超越西方民主。早在 1980 年，邓小平就强调:"我们进行社会主义现代化建设,是要在经济上赶上发达的资本主义国家,在政治上创造比资本主义国家的民主更高更切实的民主"①,并把是否有利于创造"更高更切实的民主"看作检验"党和国家的各种制度究竟好不好,完善不完善"的一条重要标准。党的十八大以来,以习近平同志为核心的党中央围绕中国特色社会主义民主政治提出一系列新理念新思想新战略,推动全过程人民民主取得历史性成就,成为新时代中国特色社会主义政治建设的具有标志性意义的重大理论成果。习近平总书记强调:"我们走的是一条中国特色社会主义政治发展道路,人民民主是一种全过程的民主。"②我国的人民民主具有全过程、全覆盖、全方位、全链条的显著特征,不同于西方民主,它是实质性的而非形式性的民主,是真实管用的而非实效缺失的民主,是坚持以人民为中心的而非以资本利益为中心的民主。

三、文化建设上丰富人民精神世界

明确社会主义先进文化建设目标。党的十八大以来,以习近平同志为核心的党中央把文化建设提升到一个新的历史高度,强调要

---

① 《邓小平文选》第二卷,人民出版社 1994 年版,第 322 页。
② 习近平:《高举中国特色社会主义伟大旗帜 为全面建设社会主义现代化国家而团结奋斗——在中国共产党第二十次全国代表大会上的报告》,人民出版社 2022 年版,第 24 页。

坚定文化自信，弘扬红色文化，推动中华优秀传统文化创造性转化和创新性发展，文化建设在正本清源、守正创新中取得历史性成就、发生历史性变革。党的二十大报告站在历史和全局高度，对 2035 年我国在文化建设方面的总体发展目标作出要求，即"建成教育强国、科技强国、人才强国、文化强国、体育强国、健康中国，国家文化软实力显著增强"，明确未来五年要使人民精神文化生活更加丰富，中华民族凝聚力和中华文化影响力不断增强。这意味着，新征程上中国特色社会主义先进文化建设需要在教育、科技、人才、文化产业、体育等方面持续发力，建设和发展与社会主义现代化强国相适应的现代教育体系、世界主要科学中心和创新高地、世界重要人才中心、文化产业体系等，实现教育现代化和科学技术现代化，使中华文化的影响力、中华民族的凝聚力、中国国民的思想道德素质等得到显著提升。

以人的精神丰富和全面发展彰显社会主义现代化的超越性。现代化的本质是人的现代化，马克思主义是以人类的自由和解放为理论旨趣的科学理论，其以历史为解释原则深刻揭示了人类自身发展的阶段更替规律，认为"人的依赖关系（起初完全是自然发生的），是最初的社会形式……以物的依赖性为基础的人的独立性，是第二大形式，在这种形式下，才形成普遍的社会物质变换、全面的关系、多方面的需要以及全面的能力的体系。建立在个人全面发展和他们共同的、社会的生产能力成为从属于他们的社会财富这一基础上的自由个性，是第三个阶段。第二个阶段为第三个阶段创造条件"[1]。人类社会发展到资本主义时代，资本主义创造出巨大的生产力，但是在资本主义条件下，劳动发生异化，劳动者的产品、劳动乃至其整个生活都变成一种异己的、与他相对独立的力量。劳动者创造的财富越多就越贫穷，创造的价值越多就越失去人的价值和尊严；他创造的东西越完美，他自己越是畸形；他亲手创造的外部世界越丰富，他自己的内部世界越贫乏。在资本主义时代，人成为一种丧失自己本质的片面发展的受非人力量统治着的异化着的存在。人的异化是资本主义现代化的显著特征。不过，作为人的本质的异化阶段，资本主义发展阶段是人类社会历史演进所必经的发展阶段，资产阶级有着自己的历史使命和存在理由，其中最为重要的一点便是其在颠倒一切本质的同时，也为彻底否定自身创造各种社会条件。

中国式现代化是在资本主义向社会主义过渡的历史阶段中开辟和发展的，中国共产党坚持以马克思主义为指导，积极吸收和借鉴人类文明的一切有益成果，主张发展物质文明和精神文明相协调的现代化。中国式现代化在丰富社会物质基础的同时，非常关注人的精神丰富和自由全面发展，其内在蕴藏着扬弃人的异化和超越"以物的依赖性为基础的人的独立性"形态的发展逻辑。

---

[1]《马克思恩格斯文集》第八卷，人民出版社 2009 年版，第 52 页。

四、社会建设上实现全体人民共同富裕

明确社会主义和谐社会建设目标。党的十八大以来，以习近平同志为核心的党中央顺应人民群众对美好生活的向往，贯彻以人民为中心的发展思想，坚持以保障和改善民生为工作重点，着力提升人民群众的获得感、幸福感和安全感，致力于增进民生福祉，扎实推进共同富裕。在党和人民的团结努力下，我们成功打赢了脱贫攻坚战，全面建成小康社会，全体人民共同富裕取得明显的实质性进展，人民生活全方位改善。党的二十大报告在总结新时代这 10 年我国在社会建设方面的历史性成就的基础上，提出到 2035 年我国社会建设的总体目标是"人民生活更加幸福美好，居民人均可支配收入再上新台阶，中等收入群体比重明显提高，基本公共服务实现均等化，农村基本具备现代生活条件，社会保障长期稳定，人的全面发展、全体人民共同富裕取得更为明显的实质性进展"。

以实现全体人民共同富裕超越西式现代化的贫富两极分化。共同富裕是社会主义的本质要求，也是人民群众的共同期盼，我们党团结带领人民致力于推动经济社会发展，归根到底就是为了实现全体人民共同富裕。党的二十大报告强调，中国式现代化是全体人民共同富裕的现代化。实现全体人民共同富裕是中国式现代化的显著特征，彰显出中国特色社会主义的本质要求和中国式现代化的前进方向。共同富裕具有丰富的内涵和具体的要求，不仅要求物质生活

共同富裕，还包含精神生活共同富裕，不是少数人的富裕，而是全体 14 亿多中国人民的共同富裕。全体人民共同富裕是所有社会成员的富裕，是一个人、一个民族和一个地区都不能少的富裕，这是社会主义区别于资本主义的本质所在。在资本主义生产方式下，资产阶级贪婪地榨取劳动者的剩余劳动并反过来转化为剥夺他们创造的剩余价值的强大统治权力。在资本逻辑宰制下，财富越来越多地集聚在少数资本家的手中，社会出现越来越多的赤贫者。资本主义的根本矛盾决定了它无法从根本上抑制贫富分化的趋势，也不可避免地产生新的贫困现象，这意味着以资本主义大发展为主要表现的西方现代化根本不可能实现共同富裕。

五、生态文明建设上促进人与自然和谐共生

明确社会主义生态文明建设目标。生态文明建设是关乎中华民族永续发展的根本大计，也是事关中华民族伟大复兴的重要环节。党的十八大以来，以习近平同志为核心的党中央深刻把握生态文明建设在新时代中国特色社会主义事业中的重要地位和战略意义，大力推进生态文明理论创新、实践创新、制度创新，提出一系列新理念新思想新战略，形成了习近平生态文明思想。这一重要思想系统回答了建设什么样的生态文明、怎样建设生态文明等重大理论和实践问题，为新时代生态文明建设提供了根本遵循。我国生态文明建

设在战略位置、制度体系、保护举措、发展理念等方面实现重大突破和实践创新，新时代生态文明建设取得历史性成就。党的二十大报告立足于现有基础，提出到 2035 年我国在生态文明建设方面的总体目标，即广泛形成绿色生产生活方式，碳排放达峰后稳中有降，生态环境根本好转，美丽中国目标基本实现。基本建立起清洁低碳、安全高效的能源体系和绿色低碳、循环发展的经济体系，在 2035 年前基本实现碳达峰后稳中有降，大气、水、土壤等环境状况得到明显改善，森林、草原、荒漠、河湖、湿地、海洋等自然生态系统状况实现根本好转，形成生产空间安全高效、生活空间舒服宜居、生态空间山青水碧的国土开发格局。

以实现人与自然和谐共生超越西方现代化的对生态环境的破坏。一部人类的历史也是一部人们认识自然、利用自然和改造自然的历史。生产力作为人类与自然进行物质交换与变化的力量，展现了人与自然之间的现实关系。根据生产力的发展水平及与之相适应的生产关系的具体形式，可将人类文明划分为原始文明、农业文明、工业文明等形态。工业革命以来，世界各主要资本主义国家生产力水平得到极大提高，科学技术使得人们获得无限索取自然资源的能力。人们对待自然的态度也由开始的敬畏与崇拜变成了对自然的征服和掠夺，人与自然的关系变成一种对抗性的关系，这种关系的背后是一幅人与自然分裂对立的惨淡图景。自然在工业文明中遭到严重破坏，环境污染、资源枯竭、物种灭绝、生态失衡等问题接踵而至，严重威胁着人类的永续发展。这是资本主义现代化发展的惨痛教训。中国的现代化决不能再走先污染后治理，以牺牲环境获取经济增长的老路。中国在发展现代化的过程中必须保护生态环境与经济发展两手抓，两手都要硬，必须正确处理好环境保护与经济发展之间的关系。

第四节　为人类发展贡献中国方案是 中国式现代化的世界意义

正确认识党和人民事业所处的历史方位和发展阶段，是我们党明确阶段性中心任务，制定路线方针政策的根本依据，也是我们党领导革命、建设、改革不断取得胜利的重要经验。唯有正确判断中国发展所处的时代方位和历史方位，科学研判国家的生产力发展水平和社会主要矛盾，才能制定正确的发展方针和路线。党的十八大以来，国内外环境发生复杂深刻的变化，世界正经历百年未有之大变局，特别是在世纪疫情的影响下，大变局正在加速演进，世界步入动荡变革期。"世界怎么了，我们怎么办"是困扰全球的重大问题，以习近平同志为核心的党中央统筹国内国际两个大局，牢牢把握中国和世界的发展大势，紧扣服务民族复兴，促进人类进步这条发展主线，提出推动构建人类命运共同体，创造了人类文明新形态，彰显了中国式现代化的国际影响。

一、推动构建人类命运共同体

世界百年未有之大变局不是一时一事、一域一国之变，而是世界之变、时代之变、历史之变。进入 21 世纪，世界大变局的调整呈现出一系列前所未有的新特征新表现。当前，以数字化、智能化和技术精细化为显著特点的新一轮科技革命正在引起全球生产、消费、运输和交付体系的变革，人们的生活方式、交往方式、思维方式和社会组织管理方式等也随之发生改变。这些变革对资本主义全球化提出挑战，调整与变革旧式体系已是大势所趋。新一轮科技革命引发新的工业革命，新的工业革命带来新的变化："智能工厂"对虚拟与实体生产体系的协调运作实现生产规模的定制化；数字技术的颠覆性创新及其深度发展进一步促进生产过程的一体化；技术创新以及在此基础上的机器设备的改造升级进一步提高生产方式的自动化；网络普及和可信云计算等新技术使得支付方式移动化便捷化、人们的消费方式网络化等。有学者认为，我们已"处于第四次工业革命的开端，需要打造全新的经济和组织架构，才能充分实现此次工业革命的价值"[1]。全球更加需要采取协调一致的系统性方法，逐步确立一套共同的价值观，引导政策选择并实施变革，"需要创新经济增长方式，建立新型经贸、投资规则"[2]。

---

[1]［德］克劳斯·施瓦布：《第四次工业革命》，李菁译，中信出版社 2016 年版，第 37 页。
[2] 王文、刘英：《金砖国家：新全球化的发动机》，新世界出版社 2017 年版，第 132 页。

历史和实践证明，当一项具有颠覆性意义的重大科技创新应用于社会生产时，其所释放出的巨大生产力可能会从根本上改写一个国家或民族的前途命运，甚至改变整个时代的发展面貌和世界格局。科技和产业革命所带来的发展机遇使抓住机会的国家（如英国、美国等）在经济、科技、军事等方面得到迅猛发展，甚至一跃成为世界强国。当前，随着新一轮科技革命的蓬勃兴起，世界再一次来到调整变革的历史节点。与历次科技革命相同的是，新一轮科技革命和产业革命再次改变着人们的生产组织形式和国际分工格局；但与以往不同的是，社会主义中国很好地抓住了此次新科技革命带来的发展机遇。得益于 40 多年的接力改革和持续奋进，中国在科技创新体制的关键领域和重要环节的改革取得实质性突破，在全球创新格局和科技竞争中的地位获得全面提升，整体科技实力显著增强。世界知识产权组织的报告显示，2018 年通过该组织提交的国际专利申请中半数以上来自亚洲，中国仅次于美国位列第二，华为公司的专利申请量在企业中位居榜首。同时，世界也对中国充满期待，世界经济论坛创始人兼执行主席克劳斯·施瓦布在《第四次工业革命》一书中写道："在第四次工业革命涉及的各主要领域，全世界都期待中国发挥关键作用，推动国际合作，完善相应体系，从而管理好此次转型进程，在社会和经济领域取得最大成果。"[1]

---

[1]［德］克劳斯·施瓦布：《第四次工业革命》，李菁译，中信出版社 2016 年版，第 1 页。

"事随势迁而法必变。"随着西方发达资本主义国家对世界经济影响力的相对下降，其主导世界的能力已然力不从心，西方长达数十年地对世界事务的统治正在接近尾声。与之相应，由西方国家主导制定的以发达国家利益为中心的同资本主义全球化发展模式相配套的全球治理规则也变得陈旧过时，不再能满足生产力发展的需要，全球治理规则步入了争论期、调整期和变革期。调整全球治理规则是世界生产力格局发展变化的必然要求。近几十年来，随着科技的不断创新，世界范围内的生产力发生了大变革、大发展、大跃升，生产力的全球分布格局也发生了显著的变化，"生产力发展水平的突破和提升，生产力国际分布结构的变化，必然带来国际生产关系的变革"[1]。20 世纪末，发达资本主义国家为追求超额利润，将生产环节转向劳动成本相对低廉的发展中国家，与之相伴随的是资本和技术的同向转移。发展中国家抓住这一历史机遇，趁势开展国内经济改革，实现了本国经济崛起，全球力量对比也因此发生深刻改变。以中国为代表的新兴市场国家在生产力发展、产业结构优化、科学技术创新等领域已经实现或者正在实现"弯道超车"，甚至是"变道超车"，"二战"以来其长期处于全球产业链和价值链中低端的局面正在快速改变。"随着经济基础的变更，全部庞大的上层建筑也或慢或快地发生变革。"[2] 当前，从全球范围来看，尽管西方发达国家仍

---

[1] 郑延冰：《深刻认识大变局》，《人民日报》2019 年 5 月 23 日第 9 版。
[2]《马克思恩格斯文集》第二卷，人民出版社 2009 年版，第 592 页。

处于全球产业链和价值链的高阶，但是自金融危机以来，其基本丧失了对世界经济的绝对主导地位。而新兴市场国家和发展中国家由于抓住了发展机遇，发展迅速、潜力巨大，已逐步成为当下和未来全球经济增长的主要推动力，"东升西降"趋势下，全球政治经济版图正在重构。"2010 年以来，发展中国家与发达国家的力量对比进入'从量变到质变'阶段，发展中国家长期以来积累的经济发展成就，开始对国际秩序产生根本性影响"①，全球治理规则的变革已势在必行。此外，全球气候问题、全球安全问题、生态环境问题等也增加着世界发展的不确定性。

中国式现代化是推动构建人类命运共同体的现代化。党的十八大以来，以习近平同志为核心的党中央深刻洞察世界发展大势，统筹把握国内国际两个大局，不断深化对马克思主义共同体理论的认识，提出人类命运共同体理念并指导对外工作实践。中国始终坚持维护世界和平、促进共同发展的外交政策宗旨，坚决摒弃西方现代化进程的丛林法则、强权霸权，致力于不断以中国新发展为世界提供新机遇，推动建设开放型世界经济，更好惠及各国人民。中国式现代化是弘扬和平、发展、公平、正义、民主、自由的全人类共同价值的现代化，在理论和实践上回应了人类社会发展和世界现代化进程中的价值观上的挑战和难题，并极力主张建设持久和平、普遍安全、共同繁荣、开放包容、清洁美丽的世界。

---

① 张蕴岭主编：《百年大变局：中国与世界》，中共中央党校出版社 2019 年版，第 81 页。

二、创造人类文明新形态

中国式现代化是中国共产党团结带领中国人民在建设社会主义现代化过程中独一无二的伟大创造。这一伟大创造，不仅是实现中华民族伟大复兴的根本路径，而且创造出一种人类文明新形态。这一伟大创造，不仅拓展了发展中国家走向现代化的途径，而且给世界上那些既希望加快发展又希望保持自身独立性的国家和民族提供了全新选择。中国式现代化的成功，意味着后发国家赶超型现代化的成功，意味着"非西方"现代化的成功，意味着社会主义现代化的成功。成功的中国式现代化不仅仅着眼于自身的发展和现代化，坚持中国共产党领导，坚持中国特色社会主义，实现高质量发展，发展全过程人民民主，丰富人民精神世界，实现全体人民共同富裕；而且关注着人类前途命运，促进人与自然和谐共生，推动构建人类命运共同体，创造人类文明新形态。

党的二十大报告强调，到 2035 年基本实现现代化，到本世纪中叶全面建成社会主义现代化强国。到那时，我国 14 亿多人口整体迈进现代化社会，规模超过现有发达国家人口的总和，这将深刻改变世界现代化的版图和格局，在人类历史上和世界现代化进程中将会产生前所未有的重要变化和重大影响。中国共产党是为中国人民谋幸福、为中华民族谋复兴的党，也是为人类谋进步、为世界谋大同的党，中国式现代化则是实现这"四为四谋"的伟大创举和必由之路。创造人类文明新形态彰显中国式现代化的世界意义。我们党提出的"文明互鉴""人类命运共同体""共商共建共享""正确义利观""胸怀天下"等理念上的国际公共产品，从现实发展来看，作为一种更高的普遍性已经得到世界的广泛认同；从未来发展看，能超越西方现代性，且有助于摆脱现代世界的冲突。我们党不仅提出符合人类社会发展规律和发展目的的先进理念，而且在知行合一地为世界发展作出重大贡献。

新时代 10 年，我国对世界经济增长的平均贡献率达到 38.6%，超过 G7 国家贡献率的总和，成为推动世界经济增长的第一动力。事实表明，中国式现代化是走和平发展道路的现代化，由内而外都彰显出全人类共同价值。中国式现代化顺应了人类文明进步的历史趋向，为 21 世纪的世界现代化提供了价值引领，必将开辟人类现代化的历史新篇章，世界也将对中国式现代化形成全新的认知和更为普遍的认同，因为这是一条合作共赢、共建共享的现代化新道路。

第五章
推进中国式现代化的重大原则

　　中国共产党是一个具有高度历史自省力、善于总结历史经验的先进的马克思主义政党。通过总结历史经验，把握历史发展的主题主线，揭示历史发展的深层规律，从而掌握历史主动，明确发展道路和前进方向，一直都是我们党的优良传统和成功密钥。毛泽东曾经指出"如果要看前途，一定要看历史"[①]，他在科学总结历史经验的基础上撰写了《〈共产党人〉发刊词》《论持久战》《新民主主义论》《论十大关系》等传世佳作，为中国革命与建设指明了方向，提供了遵循。邓小平也强调："历史上成功的经验是宝贵财富，错误的经验、失败的经验也是宝贵财富。这样来制定方针政策，就能统一全党思想，达到新的团结。这样的基础是最可靠的。"[②]党的二十大报告在继承我们党百年奋斗历史经验的基础上，根据改革开放以来特别是党的十八大以来所开展的各项实践，科学总结了在全面建设社会主义现代化强国新征程上我们必须要牢牢把握的五个重大原则，即坚持和加强党的全面领导、坚持中国特色社会主义道路、坚持以人民为中心的发展思想、坚持深化改革开放、坚持发扬斗争精神。这五个原则既贯通历史，又指向未来，是对中国社会主义现代化长期探索和实践经验的科学总结，为新征程上推进中国式现代化提供了科学遵循。

---

①《毛泽东文集》第八卷，人民出版社1999年版，第383页。
②《邓小平文选》第三卷，人民出版社1993年版，第234—235页。

第一节　坚持和加强党的全面领导

在党的二十大报告中，"坚持和加强党的全面领导"是推进中国式现代化的首个重大原则，在五个重大原则中居于统领地位。"坚决维护党中央权威和集中统一领导，把党的领导落实到党和国家事业各领域各方面各环节，使党始终成为风雨来袭时全体人民最可靠的主心骨，确保我国社会主义现代化建设正确方向，确保拥有团结奋斗的强大政治凝聚力、发展自信心，集聚起万众一心、共克时艰的磅礴力量。"[1] 中国共产党是推进中国式现代化的领导核心，是实现中华民族伟大复兴的领航者与主心骨。只有坚持并不断加强党的全面领导，把党的领导这一中国特色社会主义最大优势充分发挥出来，才能确保全党全国各族人民同心同德、同向而行，凝聚起团结一心的磅礴力量，才能确保中国式现代化事业能长风破浪、行稳致远。

一、推进中国式现代化的成功经验

党的十九届六中全会通过的《中共中央关于党的百年奋斗重大成就和历史经验的决议》深刻总结了中国共产党百年奋斗取得伟大成就的成功经验，把"坚持党的领导"作为"十条宝贵经验"之首，

---

[1] 习近平：《高举中国特色社会主义伟大旗帜 为全面建设社会主义现代化国家而团结奋斗——在中国共产党第二十次全国代表大会上的报告》，人民出版社2022年版，第24页。

强调"中国人民和中华民族之所以能够扭转近代以后的历史命运、取得今天的伟大成就，最根本的是有中国共产党的坚强领导"[1]。党的领导是我们党百年奋斗的成功经验，是实现中华民族伟大复兴的根本政治保障，也是中国式现代化得以开辟、拓展与深化的关键所在。回顾中国的现代化发展历程，自鸦片战争中国沦为半殖民地半封建社会后，无数仁人志士提出了各式各样的救国方案，但是接连在现实中碰壁而最终归于失败。中国共产党一经成立，就把马克思主义写在自己的旗帜上，把探索中国现代化道路的重任担在肩上，实现中国现代化和中华民族伟大复兴成为一代代中国共产党人矢志不渝的奋斗目标。

中国共产党为实现中华民族伟大复兴而不懈奋斗的历程，也是其团结带领全国人民探索和发展中国式现代化的历程。我们党100多年来团结带领人民所进行的一切奋斗、一切牺牲、一切创造，就是为了把我国建设成为社会主义现代化强国，为了实现中华民族伟大复兴。中国式现代化是实现中华民族伟大复兴的光明大道。新民主主义革命胜利为实现现代化创造根本社会条件，离不开党的领导；社会主义革命和建设成就为现代化建设铺垫的物质基础和理论准备，离不开党的领导；改革开放和社会主义现代化建设的伟大成就为中国式现代化提供的充满新的活力的体制保证和快速发展的物质条件，

---

[1]《中共中央关于党的百年奋斗重大成就和历史经验的决议》，人民出版社2021年版，第65页。

离不开党的领导；新时代 10 年取得的历史性成就和发生的历史性变革，为中国式现代化提供的更为完善的制度保证、更为坚实的物质基础、更为主动的精神力量，更是离不开党的领导。

二、坚决做到"两个维护"

坚持和加强党的全面领导，是在世界百年未有之大变局时代背景下推进中华民族伟大复兴的必然要求。党的十八大以来，以习近平同志为核心的党中央立足全局洞察时代发展大势，提出当今世界正经历百年未有之大变局、我国正处于实现中华民族伟大复兴关键时期，二者同步交织、相互激荡，强调世界百年未有之大变局不是一时一事、一域一国之变，而是世界之变、时代之变、历史之变。

进入 21 世纪，世界大变局的调整呈现出一系列前所未有的新特征新表现。世界百年未有之大变局对中华民族而言，既是机遇，也是挑战。从机遇论，世界多极化、经济全球化、社会信息化、文化多样化深入发展，全球治理体系和国际秩序变革加速推进，新兴市场国家和发展中国家快速崛起，国际力量对比更趋均衡，世界各国人民的命运从未像今天这样紧紧相连。从挑战论，世界百年未有之大变局和新冠疫情叠加带来的不确定性，影响着中华民族伟大复兴的战略全局。这种变化以前所未有的方式展开，为中华民族伟大复兴提供了有利的战略条件和巨大的战略空间。经过改革开放 40 多年的积累和发展，特别是新时代我们党团结带领人民取得一系列历史性突破和历史性成就，中华民族伟大复兴进入了不可逆转的历史进程。在这样一个历史发展的关键时段，更加需要坚持和加强党的全面领导，唯有如此才能确保中国特色社会主义始终沿着正确的方向前进，才能保证中国社会的稳定，保证中国人民的根本利益不遭受侵害，保证中国复兴号巨轮行稳致远，保证中国的现代化事业不迟滞、不转向，蹄疾步稳、继续向前。

深刻领悟"两个确立"的决定性意义，坚决做到"两个维护"。"两个确立"，即确立习近平同志党中央的核心、全党的核心地位，确立习近平新时代中国特色社会主义思想的指导地位。"两个确立"是党的十九届六中全会作出的重大政治判断，是根据新时代中国特色社会主义发展所取得的历史性成就、发生的历史性变革而总结出的重大历史结论，是新时代我们党治国理政取得的最重要的政治成果，也是中国共产党、中国人民和中华民族走向更加光辉未来的根本保证。党的历史和实践已经证明，唯有在革命与改革实践中形成一个坚强的中央领导集体，唯有在这坚强的领导集体之中形成一个领导核心，才能够保障党的事业不断取得胜利。"两个确立"是新时代引领党和国家事业从胜利走向新的胜利的政治保证，是战胜一切艰难险阻、应对一切不确定性的最大确定性和最大保证。必须坚决维护习近平总书记党中央的核心、全党的核心地位，坚决维护党中央权威和集中统一领导，即做到"两个维护"，这是事关党和国家前途命运的重大原则问题，是党的政治建设的首要任务，是全党必须遵守的根本政治纪律和政治规矩。要对党忠诚老实，坚决贯彻党中央的决策部署，苦干实干、履职尽责，敢于且善于同危害党中央权威和集中统一领导的一切错误做法作斗争。

把党的领导落实到全面推进中国式现代化的各领域各环节各方面。习近平总书记在学习贯彻党的二十大精神研讨班开班式上的重要讲话中强调："推进中国式现代化是一个系统工程，需要统筹兼顾、系统谋划、整体推进，正确处理好顶层设计与实践探索、战略与策略、守正与创新、效率与公平、活力与秩序、自立自强与对外开放等一系列重大关系。"[1] 推进这项磅礴浩大的系统工程一刻也不能离开党中央的集中统一领导。马克思指出："一个单独的提琴手是自己指挥自己，一个乐队就需要一个乐队指挥。"[2] 邓小平也强调："任何一个领导集体都要有一个核心，没有核心的领导是靠不住的。"[3] 全面推进中国式现代化，是亿万人民在新时代中华大地共同演奏的伟大乐章，必须要把党的领导、把党和人民的共同意志贯穿于这项系统工程的各领域各方面各环节，保障中国式现代化能够系统化推进，协调化发展，保障中华民族伟大复兴号巨轮劈波斩浪直挂云帆。

---

[1]《习近平在学习贯彻党的二十大精神研讨班开班式上发表重要讲话强调 正确理解和大力推进中国式现代化》，《人民日报》2023 年 2 月 8 日第 1 版。
[2]《马克思恩格斯选集》第二卷，人民出版社 2012 年版，第 208 页。
[3]《邓小平文选》第三卷，人民出版社 1993 年版，第 310 页。

第二节　坚持中国特色社会主义道路

方向决定道路，道路决定命运。坚持中国特色社会主义道路是继续推进中国式现代化必须牢牢把握的重大原则之一。党的二十大报告强调："中国特色社会主义道路，坚持以经济建设为中心，坚持四项基本原则，坚持改革开放，坚持独立自主、自力更生，坚持道不变、志不改，既不走封闭僵化的老路，也不走改旗易帜的邪路，坚持把国家和民族发展放在自己力量的基点上，坚持把中国发展进步的命运牢牢掌握在自己手中。"深刻揭示中国特色社会主义道路同中国式现代化的内在关系，深刻阐明推进中国式现代化的道路问题，坚定了全党全国独立自主推进中国式现代化、坚持和发展中国特色社会主义的决心与信心。

一、在实践中探索出来的适合中国国情的正确道路

中国特色社会主义道路是在坚持和发展科学社会主义基本原则的基础上，总结正反两方面历史经验而得出的科学道路。习近平总书记在庆祝中国共产党成立 100 周年大会上指出："中国特色社会主义是党和人民历经千辛万苦、付出巨大代价取得的根本成就，是实

现中华民族伟大复兴的正确道路。"[1] 中国特色社会主义道路并不是天上掉下来的，也不是别人指导和赠予的，而是历代中国共产党人在问题导向中谋篇布局，在跌宕起伏中总结经验，在风险挑战中披荆斩棘而找到的一条与社会主义初级阶段相适应的现代化建设道路。中国特色社会主义道路的探索发展历程，也是我们党在具体的社会实践中坚持和丰富科学社会主义基本原则的历程。中国特色社会主义道路坚持和发展了科学社会主义基本原则，这条道路以实现共产主义为最高理想和终极目标，坚持以解放和发展生产力为根本任务，坚持无产阶级政党的领导，不断丰富社会物质基础、优化分配制度，以满足人的自由而全面发展的需要，坚持合乎规律地认识自然、利用自然和改造自然，坚持推进共同富裕等。

中国特色社会主义道路是符合中国实际、适合中国国情的正确道路。中国特色社会主义道路坚持以马克思主义为指导，顺应历史大势，适应时代发展潮流，顺应了中国人民的意愿。马克思主义认为，人类社会发展遵循从低级向高级演进的客观规律，随着历史洪流滔滔向前，资本主义终将走向灭亡，社会主义终将走向胜利。十月革命的胜利成功验证了列宁的帝国主义理论和社会主义可能在一国或数国首先取得胜利。十月革命开创了人类历史的新纪元，世界开始呈现资本主义制度与社会主义制度共存发展的崭新局面，社会

---

① 习近平：《在庆祝中国共产党成立 100 周年大会上的讲话》，人民出版社 2021 年版，第 13 页。

主义作为一种崭新的社会制度和社会形态登上了人类历史舞台。不过，资本主义具有一定的自我调节能力，虽然其内在的固有矛盾仍然存在，但是社会主义必然要经历一个长期过程，才能最终取代资本主义。这就意味着，全球两制共存、相互较量的局面将会是长期存在的。这客观构成了中国社会主义发展的宏观背景。

新中国成立后，中国共产党团结带领中国人民不断探索中国的现代化事业。20 世纪 70 年代以来，国际形势和世界政治格局发生了深刻变化，经历两次世界大战和长期冷战后，和平与发展成为时代主题和全球人民的共同心声。根据这些具体时代背景，邓小平审时度势从战略高度对世界基本矛盾和国际格局作了科学判断，指出世界大战短期内打不起来，争取一个较长时期的和平发展环境是可能的。基于此，中国共产党制定了正确的路线方针，坚持一心一意搞建设、谋发展，实行改革开放，中国特色社会主义道路得以开创和发展。进入 21 世纪，世界处于大调整大变革之中，中国发展迎来了重要战略机遇期，中国特色社会主义道路被推向新的历史起点，社会结构变化呈现出新特点，人民群众对生活水平和质量有了更高要求。胡锦涛指出："在当代中国，坚持发展是硬道理的本质要求就是坚持科学发展。"[1] 科学发展观开创了中国特色社会主义道路更加广阔的前景，对中国式现代化发展具有重要指导意义。党的十八大

---

[1]《胡锦涛文选》第三卷，人民出版社 2016 年版，第 536 页。

以来，以习近平同志为核心的党中央团结带领中国人民全面审视国内国际环境，准确把握中国特色社会主义的历史新方位、时代新变化、实践新要求，深刻回答了新时代坚持和发展什么样的中国特色社会主义、怎样坚持和发展中国特色社会主义等重大时代课题。中国特色社会主义新时代是决胜全面建成小康社会，进而全面建成社会主义现代化强国的时代。

二、坚定不移走中国特色社会主义道路

坚持社会主义初级阶段的基本路线不动摇。中国式现代化是在经济文化相对落后的社会主义国家里逐步发展起来的现代化，与西方发达资本主义国家的现代化发展基础、发展模式、发展方向存在本质区别。"经济文化相对落后"构成中国式现代化发展的历史前提，也构成其发展必须要直面和解决的现实问题。新中国成立特别是改革开放后，邓小平提出，我国处于并将长期处于社会主义初级阶段，强调发展才是硬道理，而解决中国的发展问题关键是要坚持党的基本路线不动摇，强调"不坚持社会主义，不改革开放，不发展经济，不改善人民生活，只能是死路一条"[1]。社会主义初级阶段基本路线的坚持和贯彻与建设社会主义现代化国家的奋斗目标相辅

---

[1]《邓小平文选》第三卷，人民出版社1993年版，第370页。

相成。邓小平指出："资本主义发展几百年了，我们干社会主义才多长时间！何况我们自己还耽误了二十年。如果从建国起，用一百年时间把我国建设成中等水平的发达国家，那就很了不起！从现在起到下世纪中叶，将是很要紧的时期，我们要埋头苦干。我们肩膀上的担子重，责任大啊！"[①]党的十八大以来，中国特色社会主义进入新时代，以习近平同志为核心的党中央团结带领中国人民砥砺奋进、苦干实干，取得了历史性成就。党的十九届五中全会作出"中国进入新发展阶段"的重大判断，习近平总书记强调新发展阶段"是社会主义初级阶段中的一个阶段，同时是其中经过几十年积累、站到了新的历史起点上的一个阶段"。作为社会主义初级阶段中的一个相对高级的阶段，新发展阶段仍然要坚持社会主义初级阶段基本路线不动摇，要坚持以经济建设为中心，坚持四项基本原则，坚持改革开放，坚持独立自主、自力更生，不断推进中国式现代化事业向前发展。

坚持独立自主，坚定不移走自己的路。党的二十大报告强调，坚持中国特色社会主义道路要坚持道不变、志不改，既不走封闭僵化的老路，也不走改旗易帜的邪路。坚持独立自主，坚定不移走自己的路，是中国共产党百年奋斗的历史结论和宝贵经验。"独立自主是中华民族精神之魂，是我们立党立国的重要原则。走自己的路，

[①]《邓小平文选》第三卷，人民出版社1993年版，第383页。

是党百年奋斗得出的历史结论。"① 在我们党的历史上，曾经过分依赖共产国际，照搬他国经验而导致革命出现严重挫折、遭受严重损失的惨痛教训，也有坚持独立自主，坚持把马克思主义普遍真理同中国具体实际相结合而取得伟大胜利的成功经验。毛泽东强调："马列主义普遍真理与中国具体实践相结合，这个口号就是在延安整风时提出的。这个口号写进了一九五七年莫斯科宣言，那里面说马列主义普遍真理要与各国的具体实践相结合。外国经验，不管是哪一个国家的，只能供参考。"② 虽然外国特别是西方发达资本主义国家在发展现代化方面积累了许多有益经验，这是其在特定的历史条件下结合自身实际探索而得的成果，但这并不意味着西方探索出来的现代化道路是人类走向现代化的唯一道路，现代化并不等于西方化，适用于他国的发展道路和发展模式并不意味着同样适用于任何一个国家。"橘生淮南则为橘，生于淮北则为枳，叶徒相似，其实味不同。"自然发展规律也是这样，人类社会发展规律亦是如此。我们必须坚持马克思主义世界观和方法论，坚持实事求是、独立自主的基本原则，坚持道路自信、理论自信、制度自信和文化自信，坚定不移走中国特色社会主义道路。

①《中共中央关于党的百年奋斗重大成就和历史经验的决议》，人民出版社 2021 年版，第 67 页。
②《毛泽东文集》第八卷，人民出版社 1999 年版，第 339 页。

第三节　坚持以人民为中心的发展思想

坚持以人民为中心，是中国共产党的核心价值理念，是我们党的根本政治立场，也是以习近平同志为核心的党中央治国理政的鲜明品格。党的十八大以来，从决胜脱贫攻坚到推进乡村振兴，从实现全面小康到迈向共同富裕，让发展成果更多更公平惠及全体人民，不断满足人民日益增长的美好生活需要是我们党推动经济建设的出发点和落脚点。党的二十大描绘了全面建设社会主义现代化强国的宏伟蓝图，把坚持以人民为中心的发展作为推进中国式现代化的重要原则之一。以人民为中心，是新时代响彻中华大地的最强音。

一、彰显中国共产党的初心使命

"中国共产党人的初心和使命，就是为中国人民谋幸福，为中华民族谋复兴。"① 这决定了以人民为中心是中国共产党的根本政治立场。我们党自成立之日起，就把坚持人民利益高于一切鲜明地写在自己的旗帜上，把全心全意为人民服务作为根本宗旨，把实现好、维护好、发展好最广大人民根本利益作为一切工作的出发点和落脚点。始终坚持以人民为中心，坚持权为民所用、情为民所系、

①《习近平谈治国理政》第三卷，外文出版社 2020 年版，第 1 页。

利为民所谋是我们党从弱小走向强大，从胜利迈向新的胜利的关键所在。

中国共产党100多年的奋斗史是一部为中国人民谋幸福、为中华民族谋复兴的历史，也是一部同人民心连心、共命运，尊重人民、依靠人民的历史。早在1919年，李大钊在《新青年》上发表的《我的马克思主义观》一文中指出："社会主义的实现，离开人民本身，是万万作不到的。"[1]毛泽东深刻指出"人民，只有人民，才是创造世界历史的动力"[2]，强调"只要我们依靠人民，坚决地相信人民群众的创造力是无穷无尽的，因而信任人民，和人民打成一片，那就任何困难也能克服，任何敌人也不能压倒我们，而只会被我们所压倒"[3]。在改革开放和社会主义现代化建设新时期，我们党继续坚持和贯彻群众观点和群众路线，邓小平曾指出："改革开放中许许多多的东西，都是群众在实践中提出来的。"[4]

党的十八大以来，以习近平同志为核心的党中央坚持把人民对美好生活的向往作为奋斗目标，坚持以人民为中心的发展思想，切实保障和改善民生，努力促进社会公平正义，让发展成果更多更公平惠及全体人民，不断增强人民的获得感、幸福感、安全感，朝着实现全体人民共同富裕不断迈进。2016年1月18日，习近平总书

---

[1]《李大钊全集》第三卷，人民出版社2013年版，第20页。
[2]《毛泽东选集》第三卷，人民出版社1991年版，第1031页。
[3]《毛泽东选集》第三卷，人民出版社1991年版，第1096页。
[4]《邓小平年谱（一九七五—一九九七）》下卷，中央文献出版社2004年版，第1350页。

记在省部级主要领导干部学习贯彻党的十八届五中全会精神专题研
讨班上指出："以人民为中心的发展思想，不是一个抽象的、玄奥的
概念，不能只停留在口头上、止步于思想环节，而要体现在经济社
会发展各个环节。要坚持人民主体地位，顺应人民群众对美好生活
的向往，不断实现好、维护好、发展好最广大人民根本利益，做到
发展为了人民、发展依靠人民、发展成果由人民共享。"[①]坚持以人
民为中心的发展思想，坚持人民至上是新时代我们党治国理政的鲜
明特征。

二、充分尊重人民群众的历史主体地位

继续推进中国式现代化，必须发挥人民群众的历史主体地位，
坚持一切为了人民，一切依靠人民。中国共产党自成立以来，便团
结带领中国人民不懈探索中国走向现代化、走向民族复兴的道路，
在这一探索过程中出现过几次大转折和历史分野。例如，在抗日战
争胜利后，中国该走什么道路摆在全国人民的面前。此时，出现
"两个中国之命运"的争论和较量，"两个中国之命运"在一定意义
上，也可以看作两种中国现代化发展模式的较量。我们党坚决同最
广大劳动群众站在一起，满足人民群众的期待，积极维护国内的民

---

① 习近平：《深入理解新发展理念》，《求是》2019 年第 10 期。

主与和平，并为之做了各种努力。但是，蒋介石却选择站在人民群众的对立面。"蒋介石反动集团在一九四六年发动全国规模的反人民的国内战争的时候，他们之所以敢于冒险，不但依靠他们自己的优势的军事力量，而且主要地依靠他们认为是'异常强大'的、'举世无敌'的、手里拿着原子弹的美国帝国主义。"① 在蒋介石蓄意发动反革命内战，妄图实现国民党一党专政时，中国共产党毅然决然地团结带领广大人民群众，为建立一个独立、民主、自由、富强、统一的新中国而不懈奋斗。毛泽东强调："只要我们能够掌握马克思列宁主义的科学，信任群众，紧紧地和群众一道，并领导他们前进，我们是完全能够超越任何障碍和战胜任何困难的，我们的力量是无敌的。"② 我们党紧紧依靠人民群众，尊重人民群众的历史主体地位，取得解放战争的胜利，建立了新中国，为中国式现代化道路的成功开创奠定了根本政治前提。历史和实践充分证明，唯有坚持人民至上，紧紧依靠人民，我们党才能够在发展壮大，中国特色社会主义事业才能够不断前进。

---

① 《毛泽东选集》第四卷，人民出版社 1991 年版，第 1257 页。
② 《毛泽东选集》第四卷，人民出版社 1991 年版，第 1260 页。

第四节　坚持深化改革开放

党的二十大报告指出，全面建设社会主义现代化国家前途光明、任重道远，我国发展既有新的战略机遇期，同时也有着各种可预料的和难以预料的风险挑战，必须坚持深化改革开放的重大原则。改革开放是我们党的一次伟大觉醒，是中国人民和中华民族发展史上的一次伟大革命。我们必须坚持解放思想、与时俱进，坚持深化改革开放，进一步解放和发展生产力，更好地激发发展活力。

一、决定当代中国命运的关键一招

改革是解放和发展我国生产力的关键，是推动国家发展的根本动力。1890年，恩格斯针对当时德国一部分人对社会主义缺乏统一认识的状况明确指出："所谓'社会主义社会'不是一种一成不变的东西，而应当和任何其他社会制度一样，把它看成是经常变化和改革的社会。"[1] 既然社会主义社会"是经常变化和改革的社会"，那么，社会主义初级阶段的中国特色社会主义就更"是经常变化和改革的社会"。当然，这里的改革不是推倒重来的暴力革命，而是中国特色社会主义制度的自我完善和发展。社会主义是个好制度，具有

---

[1]《马克思恩格斯选集》第四卷，人民出版社2012年版，第601页。

无比的优越性，但社会主义在发展过程中，经济基础与上层建筑、生产力与生产关系不可能永恒地自然平衡、相互适应。平衡是相对的，不平衡是绝对的。绝对的不平衡与相对的平衡，不断地进行角色转换。角色转换不是自动发生，需要施以动力，这个动力就是改革开放。

改革开放是党和人民大踏步赶上时代的重要法宝。党的十一届三中全会开启了改革开放和社会主义现代化建设新时期，我们党团结带领中国人民推进改革、锐意进取，开展了波澜壮阔的创新实践。40 多年来，我们党坚持改革改革再改革、开放开放再开放，从开启新时期到跨入新世纪，从站上新起点到进入新时代，我们党解放思想、实事求是，大胆尝试，敢闯敢干，创造了世所罕见的经济快速发展奇迹和社会长期稳定奇迹。党的十八大以来，以习近平同志为核心的党中央高举改革开放大旗，深刻把握时代发展的潮流趋势，准确把握国内发展面临的问题和挑战，坚持正确的改革方向，开创了我国改革开放新局面，党和国家事业发生了全方位、深层次、开创性和根本性变革。全面深化改革是当代中国的鲜明特色，扩大对外开放是新时代的显著标识。改革开放使社会主义制度在中国焕发出前所未有的生机和活力，使中国共产党领导全国人民以崭新的风貌走在时代和世界的前列。

二、不断增强社会主义现代化建设的动力和活力

深入推进改革创新，坚定不移扩大开放，着力破解深层次体制机制障碍。党的二十大报告指出，改革开放迈出新步伐，国家治理体系和治理能力现代化深入推进，社会主义市场经济体制更加完善，更高水平开放型经济新体制基本形成，是未来五年我国发展的主要目标任务之一。中国开放的大门不会关闭，只会越开越大。党的十八大以来，以习近平同志为核心的党中央深刻洞察经济全球化发展大势，统筹把握国内国际两个大局，结合中国和世界发展的现实需要，实施更为主动的开放战略，致力于推动共建"一带一路"，着力构建新发展格局。新征程上，我们要继续坚持对外开放的基本国策，依托我国超大规模的市场优势，增强国内国际两个市场资源联动效应，稳步扩大规则、规制、贸易等制度型开放，营造良好的国际营商环境，以高水平对外开放打造国际合作和竞争新优势。

坚持改革创新，积极吸收人类现代化发展的一切有益经验。1956 年 9 月，毛泽东在党的八大开幕式上指出："我们现在也面临着和苏联建国初期大体相同的任务。要把一个落后的农业的中国改变成为一个先进的工业化的中国，我们面前的工作是很艰苦的，我们的经验是很不够的。因此，必须善于学习。要善于向我们的先进者苏联学习，要善于向各人民民主国家学习，要善于向世界各兄弟党

学习，要善于向世界各国人民学习。"[1] 不同于欧美国家内生式的现代化道路，中国式现代化道路的开辟和创立所处的时代方位是历史向世界历史转变，是资本主义在全球进行殖民扩张且已经初步建立了资本主义世界经济体系。而 19 世纪初的中国受几千年封建思想和制度的禁锢，在诸多方面落后于世界。经济文化相对落后是中国发展的一个突出特点，也是中国走向现代化必须要直面解决的现实问题。为此，我们坚持改革开放，积极吸收人类社会创造的一切文明成果，并坚持正确对待资本主义社会创造的现代文明成果。邓小平指出，我们要实现四个现代化，就要善于学习，大量取得国际上的帮助。要引进国际上的先进技术、先进装备，作为我们发展的起点。我们要有计划、有选择地引进资本主义国家的先进技术和其他对我们有益的东西，包括引进外资、先进技术和管理经验，要积极吸收借鉴人类社会创造的一切文明成果，并且长期做下去。这样做，只会有利于社会主义发展，有利于提高人民生活水平，有利于我们的社会主义国家和社会主义制度。

中国式现代化遵循马克思主义现代化理论以及社会主义现代化的一般规律，在探索中始终没有偏离正确方向，始终保持社会主义性质的底色。中国式现代化充分吸收西方现代化创造出来的文明成果，以"并联式"叠加发展方式，大大缩短了实现现代化所用的时

---

[1]《毛泽东文集》第七卷，人民出版社 1999 年版，第 117 页。

间，用几十年时间走完西方发达国家几百年走过的工业化历程。正如习近平总书记所指出的："我国现代化同西方发达国家有很大不同。西方发达国家是一个'串联式'的发展过程，工业化、城镇化、农业现代化、信息化顺序发展，发展到目前水平用了二百多年时间。我们要后来居上，把'失去的二百年'找回来，决定了我国发展必然是一个'并联式'的过程，工业化、信息化、城镇化、农业现代化是叠加发展的。"①中国式现代化深刻体现出中国特色，有着自己鲜明的特征，推进中国式现代化必须积极借鉴人类社会发展所取得的一切积极成果。

第五节　坚持发扬斗争精神

党的二十大报告深刻把握中国共产党自身建设规律和中国特色社会主义事业的发展规律，提出推进中国式现代化必须坚持发扬斗争精神的重大原则，号召全党同志务必敢于斗争、善于斗争。这是我们坚定历史自信、增强历史主动，谱写新时代中国特色社会主义更加绚丽华章的必然要求，也是应对前进道路上的风险挑战，不断取得新的胜利的必然要求。

---

① 中共中央文献研究室编：《习近平关于社会主义经济建设论述摘编》，中央文献出版社 2017 年版，第 159 页。

一、党和人民不可战胜的强大精神力量

斗争精神是马克思主义的理论品格，也是马克思主义政党的政治品质。马克思主义认为，矛盾是普遍存在的，社会是在矛盾运动中前进的，矛盾无时不有、无处不有，有矛盾就会有斗争，解决矛盾的过程实际上也是斗争的过程。敢于斗争、善于斗争，既是马克思主义世界观和方法论的生动展现，也是唯物辩证法的实践要求。马克思指出："如果斗争只是在机会绝对有利的条件下才着手进行，那么创造世界历史未免就太容易了。"[1] 马克思主义理论以解放全人类为目标归旨，深刻揭示人类社会发展演化的客观规律，认为经过长期发展，社会主义的胜利和资本主义的灭亡同样不可避免，主张无产阶级联合起来推翻世间的一切压迫、剥削和奴役，打碎束缚人的自由全面发展的沉重锁链。以马克思主义理论为指导的马克思主义政党，唯有在斗争中不断发展壮大，在斗争中推动社会发展进步，才能够完成自己的历史使命。

敢于斗争、敢于胜利是中国共产党的鲜明品格。中国共产党是在斗争中诞生、在斗争中发展、在斗争中胜利的马克思主义政党。我们党产生于内忧外患之中，自成立之日起就历经磨难。新民主主义革命时期，我们党领导人民打土豪分田地，驱日寇、斗顽敌，在

---

[1]《马克思恩格斯文集》第十卷，人民出版社 2009 年版，第 354 页。

革命斗争中牺牲的有名可查的烈士就达 370 多万人。可以说，世界上没有哪个政党像中国共产党这样，遭遇过如此多的艰难险阻，经历过如此多的生死考验，付出过如此多的惨烈牺牲。为了肩负历史重任，为了党和人民事业，无论敌人如何强大、道路如何艰险、挑战如何严峻，党总是绝不畏惧、绝不退缩，不怕牺牲、百折不挠。党的十八大以来，习近平总书记多次强调，必须进行具有许多新的历史特点的伟大斗争，必须准备付出更为艰巨、更为艰苦的努力，必须高度重视和切实防范化解各种重大风险。以习近平同志为核心的党中央以刮骨疗毒的巨大勇气和壮士断腕的坚定决心，坚持刀刃向内，敢于同一切腐蚀和弱化党的先进性纯洁性的现象作斗争，以巨大的政治勇气和强烈的责任担当，沉着应对来自政治、经济、意识形态、自然界等方面的风险挑战考验，坚决破除各方面体制机制弊端，以一系列新举措化解经济社会发展矛盾，等等。新时代的伟大斗争和伟大变革造就了新时代中国特色社会主义的伟大胜利。

二、不断夺取新时代中国特色社会主义新胜利

当前，世界百年未有之大变局加速演进，并与中华民族伟大复兴战略全局相互激荡，世界之变、时代之变、历史之变的特征更加明显。在此背景下，各种新旧矛盾相互交织，各种斗争较量

轮番博弈。全面建设社会主义现代化强国新征程上，我们必然会面对各种可预见和不可预见的风险挑战，甚至还有可能遇到前所未有的惊涛骇浪。从推进中国式现代化的时间表和路线图来看，前进道路上，我们所面对的风险挑战并不是短期的，而是长期的，这些风险挑战会伴随着实现第二个百年奋斗目标的全过程。新征程上，我们既要抓住新的重要战略机遇期，积极推动全球治理体系向着更加公正的方向变革，不断提升我国的国际影响力，又要直面全球生态环境、气候、重大传染病等方面的问题和挑战，切实为解决人类社会共同难题贡献中国方案，还要警惕以美国等发达资本主义国家为首的西方势力对我国发展的刻意打压和百般遏制。

我们党依靠斗争创造历史，更要依靠斗争赢得未来。我们必须要清醒认识到，前进道路上进行伟大斗争的长期性、复杂性、艰巨性，深刻把握新时代伟大斗争的历史特点，坚持底线思维，增强忧患意识，从思想上和行动上做好应对各种风险考验的充足准备。要坚定斗争意志，牢牢把握正确方向，敢于斗争、敢于亮剑。共产党人的斗争是有方向、有立场、有原则的，大方向就是坚持中国共产党领导和我国社会主义制度不动摇。凡是危害中国共产党领导和我国社会主义制度的各种风险挑战，凡是危害我国主权、安全、发展利益的各种风险挑战，凡是危害我国核心利益和重大原则的各种风险挑战，凡是危害我国人民根本利益的各种风险挑战，凡是危害我国实现第二个百年奋斗目标、实现中华民族伟大复兴的各种风险挑战，只要来了，我们就必须进行坚决斗争，而且必须取得斗争胜利。

第六章
中国式现代化深刻影响世界现代化进程

中国共产党在 100 多年奋斗中成功走出了中国式现代化新道路，拓展了发展中国家走向现代化的途径，为人类实现现代化提供了全新选择，进而深刻影响世界现代化进程，深刻改变了世界发展的趋势和格局。

第一节　资本主义长期主导世界现代化进程

现代化是一个客观的世界历史运动，资本主义开启并推动世界现代化运动向前发展。在马克思、恩格斯看来，蒸汽机和纺纱机的发展引起了工业革命，工业革命又引起了市民社会的全面变革，从而出现了"现代国家""现代私有制""现代大工业""现代工人""现代无产阶级""现代的资本"等新东西，"所有这一切产生了历史发展的一个新阶段"[①]——现代化时期。按照生产力是推动社会变革的根本动力的唯物史观基本原理，现代化的世界历史发展趋势是伴随着现代生产力的发展而形成的，也就是说，最早出现的现代生产方式即资本主义生产方式是世界现代化运动产生、发展的根本动力。

首先，在资本主义生产方式下社会生产力得到前所未有的快速发展。马克思、恩格斯在《共产党宣言》中对资本主义生产力的发

[①]《马克思恩格斯选集》第一卷，人民出版社 2012 年版，第 190 页。

展作了生动描述："资产阶级在它的不到一百年的阶级统治中所创造的生产力，比过去一切世代创造的全部生产力还要多，还要大。自然力的征服，机器的采用，化学在工业和农业中的应用，轮船的行驶，铁路的通行，电报的使用，整个整个大陆的开垦，河川的通航，仿佛用法术从地下呼唤出来的大量人口——过去哪一个世纪料想到在社会劳动里蕴藏有这样的生产力呢？"[1] 生产力的迅猛发展带来的是变革、动荡的日趋激烈，因为"资产阶级除非对生产工具，从而对生产关系，从而对全部社会关系不断地进行革命，否则就不能生存下去。……生产的不断变革，一切社会状况不停的动荡，永远的不安定和变动，这就是资产阶级时代不同于过去一切时代的地方"[2]。现代资本主义生产方式下，生产力成倍增长的速度以及由此带来的生产关系和交往关系变革的深刻程度，都是以往一切生产方式无法达到的。

其次，资本主义生产方式开辟了世界市场，造成了世界各民族的普遍交往。资本主义生产的直接目的是获得尽可能多的剩余价值，它必须极力扩大商品销售市场，借以实现资本不断增殖的生产目的才能存活。因此，"不断扩大产品销路的需要，驱使资产阶级奔走于全球各地。它必须到处落户，到处开发，到处建立联系"[3]。为了榨

---

① 《马克思恩格斯选集》第一卷，人民出版社 2012 年版，第 405 页。
② 《马克思恩格斯选集》第一卷，人民出版社 2012 年版，第 403 页。
③ 《马克思恩格斯选集》第一卷，人民出版社 2012 年版，第 404 页。

取更多的剩余价值，攫取全世界的财富为己用，资本必然要突破民族和国家的界限，游走于世界的各个角落，不断开拓比国内更大的国外市场和原料生产地，分散的、地方性市场最终被世界市场所取代。"资产阶级，由于开拓了世界市场，使一切国家的生产和消费都成为世界性的了。……这些工业所加工的，已经不是本地的原料，而是来自极其遥远的地区的原料；它们的产品不仅供本国消费，而且同时供世界各地消费。旧的、靠本国产品来满足的需要，被新的、要靠极其遥远的国家和地带的产品来满足的需要所代替了。过去那种地方的和民族的自给自足和闭关自守状态，被各民族的各方面的互相往来和各方面的互相依赖所代替了。"[1] 在世界市场中，各民族间的交往和联系愈加频繁、密切，狭隘地域性的民族历史被普遍性的世界历史所取代："各个相互影响的活动范围在这个发展进程中愈来愈扩大，各民族的原始闭关自守状态则由于日益完善的生产方式、交往以及因此自发地发展起来的各民族之间的分工而消灭得愈来愈彻底，历史就在愈来愈大的程度上成为全世界的历史。"[2] 资本的扩张本性决定了人类历史通过资本主义生产方式向世界历史转变，世界历史是资本主义生产发展的必然结果。

再次，资本主义生产方式确立了以西方为中心的世界格局。西方先进国家因为率先实行资本主义生产方式，在发展速度和发展水

---

[1]《马克思恩格斯选集》第一卷，人民出版社2012年版，第404页。
[2]《马克思恩格斯全集》第三卷，人民出版社1960年版，第51页。

平上都远远超过其他国家和地区，加之将世界各国连成一个整体的资本主义世界市场的出现，以及主要资本主义国家殖民帝国的建立，各个国家之间彼此独立、平等的关系被打破。资产阶级"使未开化和半开化的国家从属于文明的国家，使农民的民族从属于资产阶级的民族，使东方从属于西方"[①]。总之，"一句话，它按照自己的面貌为自己创造出一个世界"[②]——资本主义世界体系。在资本主义世界体系中，国家之间可以形成多种多样的相互关系，"这些体系的主要类型是：（a）被压迫民族与压迫民族的关系，（b）两个压迫民族之间争赃和分赃等的关系，（c）不压迫其他民族的民族国家与压迫国家，与特别反动的国家的关系"。在"弱肉强食"的丛林法则下，人类和谐相处的民意基础遭到严重摧残，世界和平与合作共赢的实现遥遥无期。

此外，资本主义生产方式基础上的社会发展机制、科学知识体系、信息传播方式等都发生了重大变化，表明人类历史在资本主义阶段经历了一场全球性的社会大变革，进入到现代化的历史时期。在 20 世纪现代社会主义生产方式出现以前，资本主义生产方式作为唯一的现代生产方式，一直主导着世界现代化进程，"现代化"一度被等同于"西方化""资本主义化"。1917 年，十月革命的胜利冲破了资本主义现代化的牢笼，让世界看到新的希望。但是，苏联对社

---

①《马克思恩格斯选集》第一卷，人民出版社 2012 年版，第 405 页。
②《马克思恩格斯选集》第一卷，人民出版社 2012 年版，第 404 页。

会主义现代化道路的探索并没有削弱资本主义在世界现代化运动中的主导性和影响力，特别是苏联解体、东欧剧变后，越来越多的国家认为"西方化"才是实现现代化的唯一选择。在世界社会主义运动陷入低谷，资本主义现代化道路弊端日益凸显之时，中国共产党坚定共产主义信念，以必须走自己的路的自觉性，经过100多年自强不息的奋斗，在资本主义现代化道路之外走出了一条全新的独具中国特色的社会主义现代化道路。

第二节　从"地域性现象"走向"世界历史性存在"

中国式现代化道路的探索，始于资本主义对外扩张过程中西方工业文明与东方农业文明的碰撞，始于天朝上国那种完全与世隔绝的状态"通过英国而为暴力所打破的时候"[①]，道路探索的历史起点决定了这条现代化之路承载着双重历史使命：一是改变中国、实现中华民族伟大复兴；二是改变世界、推动人类文明发展进步。中国式现代化道路不仅创造了中国经济快速发展、社会长期稳定两大奇迹，而且为人类现代文明探索出了一种新的发展方式、新的存在方式。具有世界历史意义的现代化模式不再只是资本主义现代化，中国式现代化道路因自身的独特优势，已经从"地域性现象"走向了

[①]《马克思恩格斯文集》第二卷，人民出版社2009年版，第609页。

"世界历史性存在"。

在中国式现代化道路出现前的数百年时间里,西方现代化长期主导着人类现代化进程,即使是在社会主义苏联建立以后,资本主义依然被视作实现现代化的最优选择。"二战"后的民族解放运动高潮带来了资本主义殖民体系的瓦解,但是除了少数国家走上社会主义道路,大部分发展中国家都选择了资本主义道路,试图仿照西方模式来实现现代化。其结果是,广大发展中国家不仅没能完成现代化目标,反而饱受资本主义现代化带来的诸如金融危机、经济衰退、两极分化、社会动荡,甚至国家分裂等经济和政治苦果。作为一个后发的向现代化转型的国家,中国人民在探索现代化道路的过程中既大胆地充分借鉴吸收资本主义现代化的合理因素,又非常清醒地吸取苏联社会主义现代化的经验教训,使其既有各国现代化的共同特征,又有基于国情的中国特色。于是,在资本主义体系之外形成了一条全新的中国式现代化道路。

中国式现代化,是人口规模巨大的现代化,是全体人民共同富裕的现代化,是物质文明和精神文明相协调的现代化,是人与自然和谐共生的现代化,是走和平发展道路的现代化。中国式现代化道路从根本上打破了发展中国家对西方现代化的路径依赖,有效克服了发展中国家现代化的"后发劣势",成功破解了发展中国家现代化的一系列难题。事实表明,各个国家和地区由于具有不同的历史和现实条件,走向现代化的道路不可能是千篇一律的,世界上不存在定于一尊的现代化模式，而是多种多样、不尽相同的，在西方现代化模式之外还可以存在各式各样的现代化路径，每个国家都有根据本国的具体国情选择适合自己的现代化道路的权利。中国式现代化，很好地解决了现代化的民族性问题，而且很好地解决了其世界性问题。中国共产党在现代化的民族性与世界性的结合与统一上，给世界其他国家予以一定的典范作用。只要"解决好民族性问题，就有更强能力去解决世界性问题"，只要"把中国实践总结好，就有更强能力为解决世界性问题提供思路和办法"。

中国式现代化道路开启了人类文明新形态。这种人类文明新形态不是简单延续我国历史文化的母版，不是简单套用马克思主义经典作家设想的模板，不是其他国家社会主义实践的再版，也不是国外现代化发展的翻版，而是中国共产党领导中国人民在现代化实践中把科学社会主义基本原则同我国具体实际、历史文化传统、时代发展要求紧密结合形成的崭新文明形态。这种人类文明新形态，是中华文明的当代形态、社会主义文明的现代形态，表现为中国特色社会主义的文明形态，是在中国特色社会主义全方位、各领域建设中塑造出的全面发展的文明形态，包含坚持中国共产党的领导、坚持以人民为中心的发展思想、坚持以马克思主义为指导、推动构建人类命运共同体、以伟大自我革命引领伟大社会革命等丰富内涵，进一步深化了对共产党执政规律、社会主义建设规律、人类社会发展规律的认识，为人类现代文明的存在和发展方式提供了更多可能性。

1857 年，恩格斯曾断言："过不了多少年，我们就会亲眼看到世界上最古老的帝国的垂死挣扎，看到整个亚洲新纪元的曙光。"①1840 年鸦片战争后，中华民族经过垂死挣扎，终于在中国共产党的领导下逐步走上实现现代化、实现民族复兴的正确道路。今天的中国式现代化道路不仅让人们"看到整个亚洲新纪元的曙光"，还让人们看到了整个世界新纪元的曙光。中国展现给世界的不再是一派山河破碎、生灵涂炭的衰败凋零景象，而是一幅社会稳定、经济繁荣、人民安居乐业的美好画卷。中国式现代化道路的成功实践深刻影响了世界现代化进程，打破了只有遵循资本主义现代化模式才能实现现代化的神话。世界现代化运动、人类现代文明将在中国式现代化道路的指引下朝着和而不同、多元共生的方向发展；中国共产党和中国人民将坚定不移走自己的路，把中国发展进步的命运牢牢掌握在自己手中，在发展自身的同时为人类现代化事业提供更多、更好的中国方案。

---

① 《马克思恩格斯选集》第一卷，人民出版社 2012 年版，第 800 页。

结　语

　　推进中国式现代化，是一项前无古人的开创性事业，必然会遇到各种可以预料和难以预料的风险挑战、艰难险阻甚至惊涛骇浪；是一个系统工程，需要统筹兼顾、系统谋划、整体推进，正确处理好顶层设计与实践探索、战略与策略、守正与创新、效率与公平、活力与秩序、自立自强与对外开放等一系列重大关系。

　　进行顶层设计，需要深刻洞察世界发展大势，准确把握人民群众的共同愿望，深入探索经济社会发展规律，使制定的规划和政策体系体现时代性、把握规律性、富于创造性，做到远近结合、上下贯通、内容协调。推进中国式现代化是一项探索性事业，还有许多未知领域，需要我们在实践中去大胆探索，通过改革创新来推动事业发展，决不能刻舟求剑、守株待兔。

　　要增强战略的前瞻性，准确把握事物发展的必然趋势，敏锐洞悉前进道路上可能出现的机遇和挑战，以科学的战略预见未来、引领未来。增强战略的全局性，谋划战略目标、制定战略举措、作出战略部署，都要着眼于解决事关党和国家事业兴衰成败、牵一发而动全身的重大问题。要增强战略的稳定性，战略一经形成，就要长期坚持、一抓到底、善作善成，不要随意改变。要把战略的原则性和策略的灵活性有机结合起来，灵活机动、随机应变、临机决断，在因地制宜、因势而动、顺势而为中把握战略主动。

要守好中国式现代化的本和源、根和魂，毫不动摇坚持中国式现代化的中国特色、本质要求、重大原则，确保中国式现代化的正确方向。要把创新摆在国家发展全局的突出位置，顺应时代发展要求，着眼于解决重大理论和实践问题，积极识变应变求变，大力推进改革创新，不断塑造发展新动能新优势，充分激发全社会创造活力。

既要创造比资本主义更高的效率，又要更有效地维护社会公平，更好实现效率与公平相兼顾、相促进、相统一。

要统筹发展和安全，贯彻总体国家安全观，健全国家安全体系，增强维护国家安全能力，坚定维护国家政权安全、制度安全、意识形态安全和重点领域安全。

要坚持独立自主、自立自强，坚持把国家和民族发展放在自己力量的基点上，坚持把我国发展进步的命运牢牢掌握在自己手中。要不断扩大高水平对外开放，深度参与全球产业分工和合作，用好国内国际两种资源，拓展中国式现代化的发展空间。

后 记

　　本书是中国社会科学院重大项目"新时代新思想标识性概念"丛书第四辑中的一本。

　　本书在写作过程中得到了中国社会科学院马克思主义研究院诸位领导、专家的指导与帮助，他们为本书提供了宝贵的修改意见。

　　本书由绪论、第一章至第六章、结语组成。中国社会科学院大学马克思主义学院博士生邱素钇、姜越两位同学承担了部分章节的初稿写作，在此对她们的辛勤付出表示衷心的感谢！

　　因研究能力之限和对资料把握欠深，书稿中难免存在一些不成熟的看法或观点，还请大家批评指正。

　　在研究和写作过程中，我们参考借鉴或直接引用了国内相关专家学者的部分研究成果，在此一并表示感谢！

——— "新时代新思想标识性概念"丛书 ———

第一辑

《坚定"四个自信"》

《"五位一体"总体布局》

《"四个全面"战略布局》

《新发展理念》

《新常态和供给侧结构性改革》

《总体国家安全观》

《"一带一路"倡议》

《国家治理体系和治理能力现代化》

第二辑

《中国特色社会主义新时代》

《做到"两个维护"》

《脱贫攻坚》

《全面建成小康社会》

《社会主义核心价值观》

《现代化经济体系》

第三辑

《增强"四个意识"》

《坚持党的领导》

《新时代党的自我革命》

《新发展格局》

《百年未有之大变局》

《正确义利观》

《中国特色社会主义乡村振兴道路》

—— "新时代新思想标识性概念" 丛书 ——

第四辑

《坚定历史自信》

《牢记"三个务必"》

《中国式现代化》

《伟大社会革命》

《全面深化改革》

《铸牢中国民族共同体意识》